O Paraíso Terrestre

Milad Doueihi

O Paraíso Terrestre
Mitos e filosofias

Tradução
Marcelo Rouanet

Copyright © Éditions du Seuil, 2006. Coleção Librairie du XXIᵉ Siècle, sob a direção de Maurice Olender

Título original: *Le paradis terrestre*

Capa: Rodrigo Rodrigues
Editoração: DFL

Texto revisado segundo o novo
Acordo Ortográfico da Língua Portuguesa

2011
Impresso no Brasil
Printed in Brazil

CIP-Brasil. Catalogação na fonte
Sindicato Nacional dos Editores de Livros – RJ

D767p   Doueihi, Milad
           O paraíso terrestre: mitos e filosofias/Milad Doueihi; tradução Marcelo Rouanet. – Rio de Janeiro: DIFEL, 2011.
           240p.

           Tradução de: Le paradis terrestre
           ISBN 978-85-7432-112-7

           1. Paraíso. 2. Éden. I. Título.

11-0680   CDD – 236.24
                                                  CDU – 2-188-5

Todos os direitos reservados pela:
DIFEL – selo editorial da
EDITORA BERTRAND BRASIL LTDA.
Rua Argentina, 171 – 2º andar – São Cristóvão
20921-380 – Rio de Janeiro – RJ
Tel.: (0xx21) 2585-2070 – Fax: (0xx21) 2585-2087

Não é permitida a reprodução total ou parcial desta obra, por quaisquer meios, sem a prévia autorização por escrito da Editora.

Atendimento e venda direta ao leitor:
mdireto@record.com.br ou (21) 2585-2002

Sumário

Prefácio 11

ALGUMAS DIFICULDADES ADÂMICAS 15
Maneiras de escrever 19
Maneiras de falar 21

DISTRAÇÕES BURLESCAS E DIVERSÕES SÉRIAS 31
A incisão divina e a utopia andrógina 31
Marcas e chagas: uma economia bíblica das feridas 52
Combinatória e Criação: Deus e o *corpus* homérico 59

O RETORNO DOS MANIQUEÍSTAS 65
Erros e heresias 68
História crítica de Maniqueu 88
Reforma secreta 92

PARAÍSO ENTRE POLÍTICA E LIBERDADE 97
O Adão virtual ou filosofar diferentemente 97
"Fazer delirar os profetas" 112

FILÓSOFO SEM PARAÍSO 123
O primeiro filósofo? 123
O profeta da razão 133
Ideologia da linguagem 138

PARAÍSO DA RAZÃO 151
Uma viagem de prazer 151
Uma história da liberdade 156

O INFERNO DE DEUS 165
Religião e fisiologia 170
O primeiro cristão 172
O Deus de Pascal: um autor falhado 176
Filologia e teologia 178
Bobagem de Deus 180
Relaxamentos divinos 183
Lagartos divinos 186

À guisa de conclusão 193

Notas 197
Alguns autores citados 233
Agradecimentos 239

Para Wilda

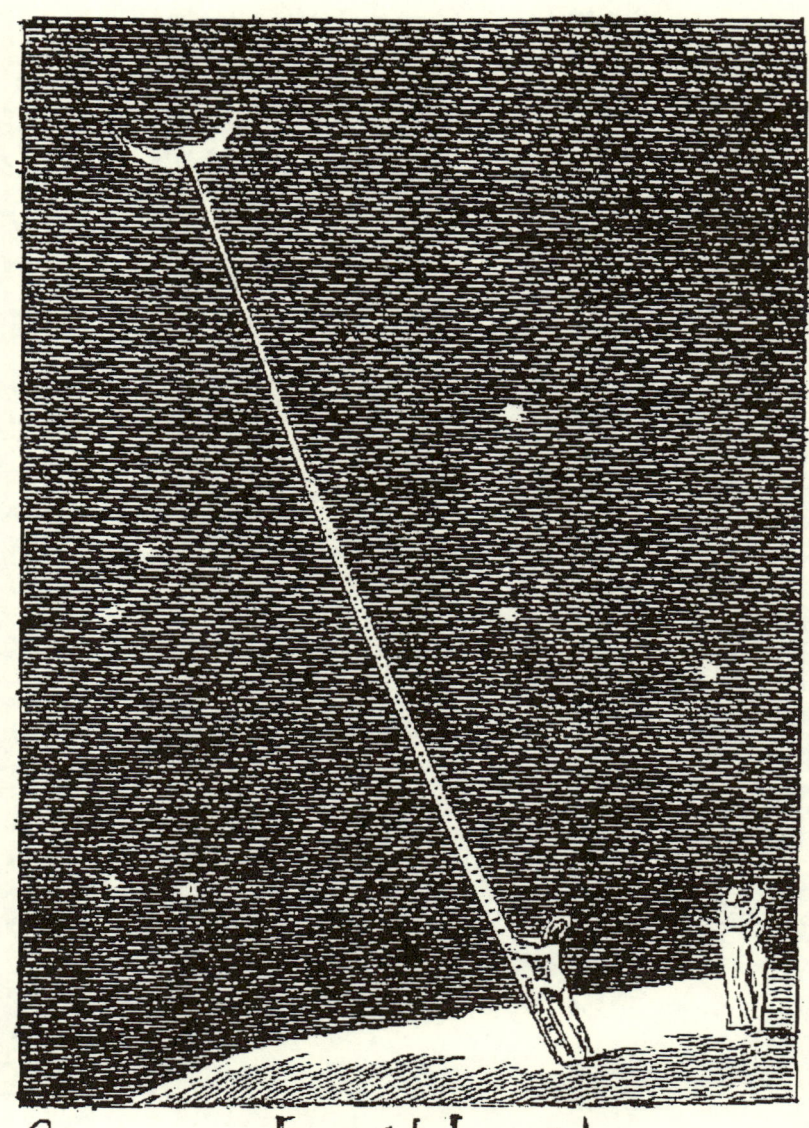

"O fruto é cego. É a árvore que vê."

René CHAR
Feuillets d'Hypnos

PREFÁCIO

O Paraíso assombra o Ocidente bíblico. Origem absoluta e local de ruptura, ele representa, para além do imaginário religioso, uma estrutura de ordem, um encaminhamento da história, de sua linguagem e de suas vicissitudes. Não é mais uma história do Paraíso. É seguir a progressão da imagem do Paraíso, de suas moldagens e manipulações juntamente com textos históricos, críticos, literários e filosóficos, tornando-o, assim como a mitologia que o envolve, suporte de articulação do destino humano e de suas relações com a divindade. Pelo que transparece de nossos textos, esse encaminhar se resume a um deslocamento da maneira como os homens põem a si mesmos a questão de seu destino e de sua história ante uma versão da origem: é uma passagem da utopia à ética.

O Paraíso é, primeiro, promessa de felicidade com a nostalgia de uma origem perdida, frequentemente sonhada como o destino último da humanidade. Essa promessa e essa nostalgia explicitam uma carência, uma ausência ou uma lacuna na história humana, sobretudo em seu começo. Mito de origem que a inunda de ambivalência, ambiguidade, exílio. Narrativa de perda designando e legitimando, para alguns, a lógica de uma busca inevitável. Para outros, essa narrativa, no realismo de sua linguagem, explicita a ignorância e a superstição. Entre os dois grupos e em suas inter-relações contínuas, esboça-se uma problemática que poderia ser considerada "moderna", com o estatuto e o valor de uma origem. Entre a promessa e a nostalgia, o abandono e o dom, desfilam argumentos envoltos de saber histórico, método crítico, até filosófico. Tentei captar e seguir alguns ao longo dos textos e da análise dos problemas aqui levantados. Daí, em parte, a opção de limitar este ensaio às "dificuldades adâmicas".

O Paraíso enquanto utopia: tema antigo, por certo, mas que, da perspectiva dos eruditos e dos historiadores do Antigo Regime, se concentra estritamente no que se poderia chamar interpretação mística ou espiritual do relato do Gênesis — ao mesmo tempo, tornando-se literal, na mesma época, em utopias "geográficas", explorando incertezas e ambiguidades do texto da primeira narrativa. História(s) de heranças contestáveis e de novos saberes — de novas liberdades, principalmente. Histórias também de questionamentos e explorações, revelando novas interioridades. Do século XVI ao XVIII, esse Paraíso utópico é, acima de tudo, um "sobrevivente", avizinhando-se, incessantemente, com novas cenas e discursos filosóficos emergentes. Deve sua sobrevida, em parte, ao imaginário que evoca e a seu poder discursivo, às respostas surpreendentes ao que se chamou "dificuldades adâmicas".

Assim, o espiritual e o utópico antecipam a ética. Latente há muito, a mudança ética também explora a recepção ocidental (principalmente cristã) da história do Paraíso em sua maneira de imaginar e de pensar as origens e, sobretudo, os tipos de vínculo social. Veremos que são as análises e as discussões das bases da sociabilidade moderna que abrigarão o confronto entre a ética e a utopia, provocando reflexões sobre a liberdade e a responsabilidade individuais, sobre a comunidade, sua forma, organização e poderes. A ética surge no próprio núcleo do teológico para dele se liberar definitivamente, pelo menos filosoficamente, ao fundar sobre a necessidade da tolerância a sociedade civil e seu governo. Nesse momento, a filosofia se vê obrigada a revisar as mudanças e os jogos de substituição formulados pelas leituras utópicas do Paraíso bíblico.

Para a coerência do exercício, o âmbito da investigação obedece à dupla escolha: primeiro, privilegiar as dificuldades adâmicas na obra de Agostinho e sua retomada nos textos "modernos". Se Pierre Bayle e seus interlocutores imediatos (Leibniz, Jaquelot, Beausobre, entre outros) desempenham aqui papel importante, principalmente no que tange ao problema do mal, mas também na avaliação de certas "utopias" (a utopia hermafrodita de Foigny, por exemplo), a pista passa também por Spinoza, Robert Challe, Kant e, finalmente, Nietzsche. Em todo lugar, são encontradas maneiras de explicar e elucidar o que aconteceu na origem, no momento fatal da desobediência e da Queda para melhor explicar a história da humanidade, o problema do mal, das origens da linguagem e sua diversidade, da sexualidade. Essas explicações também são narrativas frequentemente marcadas pela pesada herança do texto bíblico e de suas interpretações, gerando práticas discursivas, abordagens e usos do saber que constituem ferramentas e matérias-primas de uma ciência do homem. Mesmo transformada, pervertida até, a narrativa bíblica autoriza e legitima a pluralidade de histórias que, cada qual à sua maneira, situam as relações entre as pessoas, seu meio, história, destino.

A outra escolha é interessar-se pelo fascínio da geografia imaginária de um filósofo que também foi teólogo, Nietzsche. Daí a necessidade de explicar a sucessão de relatos, repetições e reproduções desse local de incompletude e de ruptura em seus textos. Filosofia e filologia: dois discursos, duas práticas que esclarecem a participação do saber histórico e da teologia nos mitos e lendas do Paraíso, com suas promessas e instituições que gerou. Assim, os problemas do mal, do imperativo categórico, da crise da fé e da razão (mais precisamente da teleologia e da racionalidade) levam Nietzsche a formular um individualismo radical invertendo as perspectivas dos saberes usados na história do Paraíso bíblico. Retorno à teologia e à heresia (maniqueísta), assim como à inversão dos valores morais.

Em outras palavras, depois de Bayle e sua "assombração" do mal, a sobrevivência do maniqueísmo e sua visão do ato da Criação, seguiremos textos de Nietzsche, entre os quais o erro, em primeiro lugar, o da origem, da desestruturação e dos enganos de Deus e dos primeiros tateios do homem.

Da utopia à ética, aqui será tratada a construção intelectual desse mítico Paraíso terrestre.

ALGUMAS DIFICULDADES ADÂMICAS

Para melhor apreciarmos o contexto e os objetos do pensamento dos autores que examinaremos, devemos declarar o âmbito dos debates sobre o Paraíso e seu significado. Nosso melhor guia, Agostinho, se questionou constantemente sobre os problemas da estrutura e dos detalhes do relato bíblico da Criação, especialmente sobre as dificuldades adâmicas. Entendo por essa expressão dúvidas surgidas durante sua leitura, tendo recebido respostas variáveis e suscitado reflexões diversas, da tradição hebraica aos Padres da Igreja.

Como explicar o que realmente aconteceu no Paraíso, segundo o texto literal do Gênesis? E as aparentes lacunas, contradições, ou até a ausência de certos detalhes importantes na narrativa? Essas dificuldades, ressaltadas sobretudo por interpretações heterodoxas desencadeando influências estranhas à Tradição, atingem a origem da humanidade, a sexualidade do primeiro homem, a língua falada dentro do Paraíso (pelo homem e por Deus), a origem do mal etc. A obra de Agostinho permite inseri-los, em contexto mais amplo, nas problemáticas dos filósofos, místicos e utopistas. Seus textos se dividem entre dois polos. O primeiro pretende refutar os maniqueístas, sua rejeição ao Antigo Testamento e suas objeções no que tange à responsabilidade de Deus no problema do mal. O segundo visa aos pelágicos e atinge os problemas da graça e da eleição. Entre os dois polos, encontra-se uma série de textos "pedagógicos" regulando a interpretação do texto sagrado contra as posições hereges. Por outro lado, Agostinho é obrigado a responder à questão principal do cristianismo nascente: como conciliar o Antigo com o Novo Testamento? Como harmonizar a Sinagoga com a Igreja? Como explicar a passagem do judaísmo ao cristianismo como necessidade inscrita no Antigo Testamento? Em suas reflexões sobre essas "verdades" cristãs, Agostinho enfrenta o problema da representação da revelação na Bíblia e das modalidades de suas manifestações.

Última observação geral. O cristianismo, retomando as palavras de Nietzsche, sempre foi pensado enquanto um corpo e um *corpus*: viúva e esposa, a *Ecclesia* encarna a realização, na história e, sobretudo, na memória histórica, das modalidades de encontro e união com um corpo sempre faltante, ausente. O mistério absoluto, animando essa ausência, e o desejo gerado governam e informam os modos de manifestação da Igreja: oração, exercício espiritual, busca mística, liturgia, retiro monástico e, principalmente, profissão e confissão de fé. Se o corpo e a carne constituem o obstáculo por excelência, eles não deixam de permanecer inevitáveis e necessários, por serem a matéria-prima da prática religiosa. A obra de Agostinho, nesse contexto, é notável e até única, ao assegurar ao cristianismo coerência doutrinária inigualável, vocabulário e linguagem unindo, sempre, o particular e o individual às grandes questões dogmáticas. É precisamente nesse vaivém, nessa passagem contínua e sub-reptícia entre o universal e o único que se constituem a riqueza e a complexidade da reflexão agostiniana sobre o símbolo e o Verbo.

No início do livro XI das *Confissões*, depois de analisar a memória e a temporalidade, Agostinho recoloca a questão da verdade do Verbo revelado:[1]

> Fazei que eu entenda e compreenda como *no início* criastes *o céu e a Terra*. Moisés assim escreveu. Escreveu e partiu; partiu daqui passando de Vós até Vós, e agora não está diante de mim. Pois, se estivesse, eu o reteria, eu lhe pediria, suplicaria em Vosso nome para me desvendar o sentido dessas palavras; estenderia as orelhas de meu corpo aos sons jorrando de Vossa boca. Se Ele me falasse em hebraico, inutilmente sua voz atingiria meus sentidos: nada chegaria à minha inteligência. Por outro lado, se me falasse em latim, eu saberia o que Ele diria. Mas como saberia que Ele diz a verdade? E, mesmo que eu soubesse, seria por Ele que eu saberia? É dentro de mim, sim, intimamente, na sede do pensamento, que a Verdade, que não é hebraica, nem latina, nem grega, nem bárbara, sem usar boca nem língua, sem ruído de sílabas, me diria: "Ele diz a verdade."[2]

A interrogação de Agostinho o leva à radicalização: a sede do pensamento, o local da imagem, o foro íntimo são os agentes ou testemunhos de comunicação silenciosa e misteriosa. Nesse âmbito, o que Moisés proclama é reconhecido como verdadeiro, atestando sua verdade. Inicialmente, a escrita e a leitura dessa verdade se situam numa exterioridade estranha, assumida pela Lei e pelo Antigo Testamento. No entanto, ela não passa, nesse estado, de pura figura de linguagem, ao permanecer, pelo menos para Agostinho, inacessível. A escrita de Moisés, embora verdadeira, é limitada e, para Agostinho, empobrecida, por sua materialidade e pela especificidade de sua identidade histórica e de sua manifestação linguística.

A solução agostiniana, já anunciando a necessidade de uma ciência linguística e a identificação, por Max Müller, do nascimento da mesma ciência no Pentecostes, recorre ao eu, à intimidade do sujeito subentendendo o universalismo da mensagem cristã. Müller generaliza as teses de Agostinho. Segundo Müller, o cristianismo é um marco para a ciência, principalmente para a ciência da linguagem, que detém as chaves do saber humano:

> Só quando essa palavra [*estrangeiro*] foi varrida do dicionário da humanidade e substituída pela de *irmão*; quando foi reconhecido o direito a todas as nações do mundo de serem vistas como partes do mesmo gênero, ou melhor, de mesma espécie, pôde nascer nossa ciência: essa mudança se deve ao cristianismo. Para os hindus, qualquer homem não nascido duas vezes, ou seja, de alta casta, era um *mlechekka*; para os gregos, quem não falasse sua língua era um bárbaro; para os judeus, os não circuncidados eram gentios; para os muçulmanos, os que não acreditavam em Maomé eram *kaifirs*, incrédulos, ou *ghiaours*, infiéis adoradores do fogo. Pelo cristianismo é que foram baixadas as barreiras separando judeus de gentios, os gregos e os bárbaros, a raça branca da negra. *Humanidade* é palavra ausente em Platão ou Aristóteles: a ideia de humanidade constituindo uma única família, com filhos do mesmo Deus, é cristã, e, sem o cristianismo, a ciência da humanidade e das

línguas jamais surgiria. Só quando se aprendeu a olhar todos os homens como irmãos, então, e só então, é que a variedade linguística representou problema exigindo solução para os observadores inteligentes, e é isso que me faz datar do primeiro dia de Pentecostes o início real da ciência da linguagem. A partir desse dia, em que as línguas de fogo se separaram, descendo sobre os apóstolos, uma luz até então desconhecida se espalhou pelo mundo, iluminando objetos que haviam estado invisíveis para a Antiguidade. Velhas palavras assumem novo sentido; velhos problemas; novo interesse; e velhas ciências, novo objeto. A origem comum da humanidade, as diferenças entre raças e línguas, a possibilidade para todas as nações de chegar ao mais elevado grau da cultura intelectual são problemas que, no mundo novo em que vivemos, preocupam cientistas pelo próprio fato de representarem para a ciência interesse supremo.[3]

A interioridade de Agostinho é aqui substituída por teoria universal da cultura, historiografia dos saberes humanos fundados sobre a contribuição fundamental do cristianismo.

Maneiras de escrever

Moisés escreve sua lei e parte. Agostinho lê a lei e busca sua verdade. A passagem da escrita à leitura convida a questionar a relação das duas atividades com a Palavra e o Verbo, e a maneira como informam sobre uma interpretação do Paraíso. Primeiro a escrita – inicialmente, a de Agostinho. De acordo com Pierre Courcelle, as *Confissões* são, "de certo modo [...]

uma dessas listas de pecados que o grande Santo Antônio preconizava que se escrevesse".[4] De fato, a *Vita Antonii*, de Atanásio, é modelar para as *Confissões*, sobretudo no que se refere à função da leitura e da escrita:

> Cada dia todos deviam relembrar seus atos diurnos e noturnos. [...] Eis algo mais a observar para prevenir pecados: notemos e escrevamos, todos, cada ato e movimento de nossa alma, como se devêssemos comunicá-los uns aos outros. Estejam certos de que, por simples vergonha de que o que estiver escrito seja conhecido, deixaremos de pecar e até de guardar algo de ruim no coração. Quem, ao pecar, quer ser visto? Ou quem, quando peca, não prefere mentir para passar despercebido? Assim como, se víssemos uns aos outros, não cometeríamos o pecado da fornicação, se escrevêssemos nossos pensamentos, como que para comunicá-los uns aos outros, evitaríamos pensamentos impuros, de vergonha, que seriam conhecidos. Que a escrita substitua, portanto, o olhar dos companheiros de ascetismo para que, corando tanto ao escrevermos quanto ao sermos vistos, não tenhamos no coração pensamento mau. Formando-nos assim, podemos reduzir o corpo à servidão, agradar ao Senhor e espezinhar as maquinações do Inimigo.[5]

A escrita substitui o olhar: ela cria e institui testemunho ao introduzir, no exame de consciência cotidiano, o modelo da *confissão*. A escrita, segundo Santo Antônio, purifica o coração e possibilita o domínio corporal. A exteriorização do pensamento, sua representação, inventa espaço público virtual que transforma, no âmbito do exercício espiritual, o autodomínio em prática coletiva e social. É o que legitimará o modelo da confissão, brilhantemente explorado e aperfeiçoado por Agostinho. Tal função pública da escrita, porém, não convirá ao símbolo, para Agostinho.

Com efeito, de que maneira Deus escreve? Ele escreve por e com o dedo: "É pelo dedo de Deus, de fato, que a Lei foi escrita, mas, em virtude dos corações duros, ela foi escrita na pedra. O Senhor escrevia antes sobre a terra, pois buscava recolher seu fruto."[6]

A escrita divina inscreve a lei sobre uma superfície e marca sua verdade em função da natureza e das qualidades materiais dessa superfície: a dureza da pedra corresponde à Lei judaica, enquanto a terra representa a promessa e a fecundidade dos cristãos. Contudo, para Agostinho, Deus escreve com o dedo, ou seja, o Criador toca a superfície, transformando-a pelo contato, que é simultaneamente físico e místico, prefigurando a Encarnação e a revelação final do Verbo. A qualidade da superfície fundará a verdade do ato e de sua comunicação. Reencontraremos depois a importância e a recepção dessas formulações da escrita divina no contexto dos debates sobre a comunicação entre Deus e o primeiro casal.

Maneiras de falar

O problema da fala divina é duplo para Agostinho. Por um lado, a sustentação material da palavra, até a voz, constitui a primeira dificuldade fundamental: como algo material e finito pode veicular o infinito? Como o que só dura um instante pode comunicar a verdade eterna? Para Agostinho, essa primeira dificuldade corresponde ao problema suscitado pela própria natureza da fala divina dirigida ao homem:

> Pode-se igualmente questionar como Deus falou ao homem, que, desde sua criação, foi certamente dotado de senso e inteligência para ouvir e compreender o que lhe diziam. Ele não podia, com efeito, receber um preceito ao qual fosse suscetível de transgredir, a menos que o compreendesse. De que modo então Deus falou ao homem?[7] Interiormente, a seu espírito, de maneira totalmente espiritual, de modo que o homem compreendesse com sabedoria a vontade e o preceito de Deus sem a ajuda de som algum ou de sinal corporal? Não, não penso que Deus tenha assim falado ao primeiro homem. A narrativa da Escritura antes subentende que Deus falou ao homem no Paraíso do mesmo modo que, depois, aos patriarcas, a Abraão, a Moisés, ou seja, assumindo forma corporal. Daí a versão de terem nossos primeiros pais ouvido a voz de Deus, que passeava ao anoitecer no Paraíso, e de que eles se esconderam.[8]

Essa primeira resposta não é a última, pois a maneira como Deus falou será como refrão na obra de Agostinho. Assim se colocam as grandes questões sobre as teofanias do Antigo Testamento. Paulatinamente, Agostinho matizará sua análise afastando-se da aparente vontade de determinar uma língua específica para complicar o problema:

> [...] Se buscamos saber como Deus disse essas palavras, impossível compreendê-Lo exatamente.

> É certo, contudo, que Deus falou, ou por Sua própria essência, ou por criatura a Ele submissa. Mas, por Sua essência, Ele só fala a todas as naturezas para criá-las; por outro lado, Ele fala às naturezas espirituais e inteligentes para iluminá-las, pois são suscetíveis de captar a fala de Seu Verbo, que estava no princípio junto a Deus; e o Verbo era Deus, e por Ele tudo se fez. Quanto aos que não conseguem captar Sua palavra, Ele só lhes fala por intermédio da criatura espiritual, no sonho ou no êxtase, por meio da representação imagética de coisas corporais, ou ainda por intermédio da própria criatura corporal, quando aos sentidos corpóreos algo aparece ou são ouvidas vozes.[9]

Aqui, encontra-se a primeira versão da mediação sobre a fala divina ou de sua interiorização. A mediação será mantida nas análises dos milagres do Antigo Testamento, introduzindo forma de representação do divino anulando qualquer possibilidade de manifestação direta ou epifania. Essa problemática, como veremos, será reformulada e radicalizada por Spinoza em sua crítica da profecia no Antigo Testamento.

A segunda dificuldade refere-se à função da voz e da fala na economia da Encarnação. Como o Pai fala ao Filho, se, do modo como é articulada repetidamente na obra agostiniana, a relação entre ambos é modificada pela Palavra? Como, em outros termos, o Verbo fala à Palavra?

> Como, com efeito, interpretar a anomalia em que Adão deu um nome aos pássaros e animais terrestres, e não aos peixes e a todos os animais que nadam? Investigando-se as línguas humanas,[10] todos esses seres receberam o nome

que os homens lhes deram em sua linguagem. Não apenas os seres aquáticos ou subterrâneos, mas também a própria terra, a água, o céu, o que se vê no céu, o que não se vê nele, mas que se crê estar lá, receberam nomes diversos, segundo a diversidade das línguas.[11] Sabemos, é verdade, que originalmente só havia uma língua, antes que o orgulho dos construtores da torre levantada depois do dilúvio divinizasse a humanidade por meio de diferente signos vocálicos.[12] Qual foi essa língua, para que querer saber isso, qualquer que tenha sido? Pelo menos é língua que Adão falava em sua época e, se sobrevive ainda hoje, ela encerra esses sons articulados pelos quais o primeiro homem nomeou os animais terrestres e os pássaros.[13]

Agostinho mantém, nesse texto, a tese de língua original, falada no Paraíso pelo primeiro casal, mas o que interessa e fascina o doutor da Graça é a hipótese de uma língua especial, liberando a expressão divina das limitações e da fragilidade da voz humana ou suas representações. O que se esboça nessa variação sobre a materialidade da língua divina e suas encarnações é a explicação da interioridade como *locus* do encontro com o divino. A interiorização, ao evitar as dificuldades da interpretação literal da história da Criação, introduz também uma subjetividade e uma economia de entrevistas entre criador e criação. A emergência da subjetividade no Paraíso permanece problemática, e as interpretações que examinaremos proporão soluções múltiplas, com significados, natureza e materialidade variáveis.

Talvez, antes, Deus lhes falasse interiormente de maneira definível ou inefável, do mesmo modo que Ele fala a Seus anjos, esclarecendo seus espíritos com Sua imutável verdade, quando sua inteligência conhece simultaneamente tudo o que no tempo não se produz simultaneamente. [...] Essa aparição visível só foi possível por meio de uma criatura. Pois não se deve crer que essa substância invisível e onipresente do Pai e do Filho e do Espírito Santo aparecesse a seus sentidos corporais movendo-se no espaço e no tempo.[14]

Aqui, Agostinho espiritualiza a palavra, inscrevendo-a nessa morada interior, no coração, figura privilegiada da interioridade e da verdadeira comunicação com o divino. É no âmbito dessa problemática da palavra e seus vínculos íntimos com a estrutura trina que se deve situar o esquecimento ou a substituição do hebraico como língua originária ou divina pela fala interior e pela língua do coração. Curiosamente, a língua do coração é também, para Agostinho, a da leitura. É como se à escrita e à fala do Verbo correspondesse um modo de ler, igualmente silencioso e alojado na interioridade: "Mas, quando ele lia, os olhos percorriam as páginas, e o coração interceptava o sentido,[15] enquanto a voz e a língua repousavam [...]."[16] O círculo se fechou: escrita e leitura são práticas inspiradas pelo modelo de expressão divina, segundo Agostinho. A universalidade da subjetividade inscreve e localiza a revelação no coração dos homens, enquanto a Lei se espalha, parafraseando Jeremias, nas entranhas, no estômago do povo judeu. A distância entre o coração e as entranhas designa, em Agostinho, a ocorrência da retirada da marca de eleição do povo judeu, de seu testemunho e da historicidade de sua verdade. Em outras palavras, a interioridade agostiniana constitui espécie de fisiologia da escrita divina e de sua leitura ao tornar o corpo cristão alegoria do corpo divino. "Se consegues ter no coração uma palavra que seja uma intenção inata de teu espírito, a ponto de teu espírito gerar essa intenção, aí permanecendo como a concepção de teu espírito, do mesmo modo que o filho de teu coração — pois é teu coração que começa a querer construir um grande edifício, a querer erguer sobre este terreno uma enorme casa [...]. Olha essa construção do mundo: vê o que se fez pela Palavra e conhecerás o que é a Palavra."[17] A meditação sobre o Verbo traduz-se, no coração, pelo trabalho do verbo criador. A escrita divina deixa de ser aqui promessa e contrato; é intervenção material, incisão na superfície do coração e palavra habitando o coração do homem. Encontraremos os mesmos traços, os mesmos detalhes, mas em contextos bem diferentes, em Malebranche e Spinoza, bem como em Bayle e nos eruditos do século XVII.

Essencial, aqui, é a dificuldade levantada pelo Paraíso enquanto local real, cena em que Deus se corporificou para o primeiro casal humano. Mas essa materialidade força Agostinho, tanto quanto possível, a descrever ou, antes, a explicar a comunicação entre os membros da Trindade pelo mesmo modelo da fala divina no Paraíso. Esse modelo embasa a estrutura trina ao teorizar sobre os meios de intercâmbio entre Pai e Filho, introduzindo a semelhança essencial entre tal comunicação e a economia da Encarnação e da salvação. Procedendo tudo de uma fala, da Palavra, deve-se também poder ligar a articulação e a comunicação dessa Palavra primordial à compreensão:

A fala do Pai foi de fato passada da boca do Pai para as orelhas? Tais ideias são carnais; que elas desapareçam de vossos corações.

O que estou querendo dizer-vos é o seguinte: vede se compreendestes o que eu disse; seguramente falei, minhas palavras ressoaram em vossas orelhas; graças à vossa audição, elas conduziram meu pensamento aos vossos corações, se compreendestes. Suponde um homem de língua latina que tenha ouvido sem compreender o que eu disse; ele captou o som tanto quanto vós; as mesmas sílabas chegaram a suas orelhas, mas nada geraram em seu coração. Mas vós, se compreendestes, a que se deve isso? [...]. Quanto a mim, eu falei em vossas orelhas para que ouvísseis; quem falou a vossos corações para que compreendêsseis?[18]

A audição passa assim da orelha para o coração, do material para o espiritual, do local para o universal. Ela se torna o ícone do humano em seus vínculos íntimos com o divino, que dependem da estrutura da fala, que parece material, mas que, em realidade, é totalmente espiritual. As *Confissões* nos oferecem versão notável dessa transformação e dessa transição:

> Eis todo o espaço percorrido em minha memória à Vossa procura, Senhor! E não Vos encontrei fora dela. Pois nada achei de Vós de que não tivesse lembrança. É que depois que Vos conheci, não Vos esqueci. Com efeito, onde encontrei a verdade, lá eu encontrei meu Deus, até mesmo a Verdade; e desde que A conheci, não A esqueci. Assim, desde que Vos conheci, permaneceis em minha memória, e lá Vos encontro quando me relembro de Vós e me

deleito em Vós. Tais são minhas santas delícias, que me destes, em Vossa misericórdia, dirigindo o olhar para minha pobreza.[19]

A memória, do mesmo modo que o coração, guarda o segredo e os vestígios da Fala e do Verbo divinos. Veremos também a materialização – é-se tentado a dizer "fisiologização" – de tal posição na obra de Malebranche e sua crítica por Leibniz em seu sistema de harmonia universal. Agostinho, pela memória e sua estrutura, descreve o que é, afinal, semelhança absoluta e é onipresente, por tornar possível o humano:

> Eis por que quem deseja encontrar alguma semelhança com o Verbo de Deus, misturada com múltiplas dessemelhanças, deve desconsiderar esse verbo humano que ressoa nas orelhas mesmo quando o proferimos em voz alta ou o pensamos silenciosamente. Pois, mesmo silenciosamente, podemos pensar o som das palavras, recitar interiormente os poemas, os lábios calando: não só o ritmo das sílabas mas também a melodia dos cânticos, embora materiais e derivando da audição, estando, por meio de imagens imateriais correspondentes, presentes no pensamento dos que silenciosamente remexem essas lembranças. Mas precisamos ultrapassar essas experiências para atingir o verbo humano, espécie de similaridade em que podemos ver um pouco, ao modo de enigma, o Verbo de Deus [...]. Inumeráveis textos semelhantes nas Escrituras referem esse verbo de Deus, disseminado, em línguas múltiplas diversas, no coração e nos lábios dos homens. Fala-se do verbo de Deus porque ele nos transmite ensinamento divino, não humano.[20]

A semelhança permite ver "um pouco" o verbo de Deus. É, no fundo, o problema das dificuldades adâmicas: como penetrar no enigma ou no mistério da origem absoluta? Como compreender as consequências do que se passou, quando o texto que conta esses eventos não é facilmente identificado pela leitura? Em outras palavras, como passar de uma história e de uma narrativa, com tudo que seus detalhes permitem supor, às fontes históricas do gênero humano e seu destino? Com a questão da origem, também se coloca a da transmissão de pessoa para pessoa, ativando a sedução de um ser humano por outro, no Paraíso, em vez da obediência à palavra de Deus, introduzindo, pela primeira vez, uma obediência secundária, a do afeto entre seres humanos.[21] Essa humanização da comunicação no Paraíso, esquecendo o divino, forma o primeiro vínculo social. Origem da humanidade no reconhecimento de uma semelhança, reciprocidade ou sociabilidade que, para se firmar e propagar, deve desprender-se da ordem divina. Assim, desde a origem, o social é pensado e definido, por Agostinho, em todo caso, enquanto ato de vontade humana, que é também desejo de autonomia com exigências de uma ordem ancorada no reconhecimento mútuo. Esse reconhecimento será identificado por Kant em seu comentário sobre a narrativa do Gênesis enquanto fonte da ética universal. Com isso, a ética humana opõe-se à ordem divina. Para alguns, é sua rival; para outros, ela independe completamente disso.

DISTRAÇÕES BURLESCAS E DIVERSÕES SÉRIAS

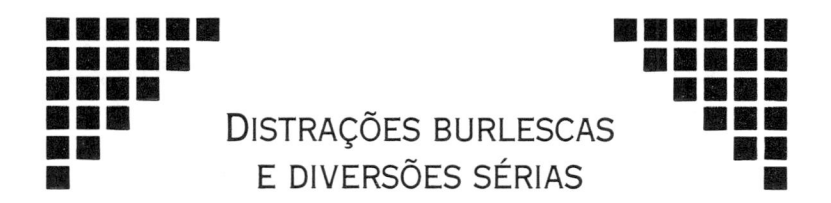

A incisão divina e a utopia andrógina

Os textos agostinianos compõem o inventário de quase todos os problemas levantados pela narrativa do Gênesis para o cristianismo. As questões abordadas concentram-se em detalhes interessando a teologia, sua maneira de ler e de interpretar o texto bíblico, explicando seus detalhes. Mas os escritos de Agostinho não satisfazem a todos os leitores "modernos". Alguns buscam, o mais das vezes, suas explicações alhures, pois procuram outras formas do Paraíso, afora as aceitas e validadas pelo doutor da Graça. Frequentemente, encontram os modelos ou problemáticas clássicas, formuladas pela literatura e filosofia gregas.

Rabelais, em seu *Quart livre*, já narrava os encontros de Pantagruel com a Rainha dos Frios, em episódio detalhando a serpente que seduziu Eva no Paraíso:

> Aqui, caçoais, beberrões, rejeitando o que vos conto. Não saberia como convencê-los. Crede, se quereis, senão, ide ver. Mas eu sei o que vi. Foi na ilha Feroz. Dei-vos seu

nome. Recordem a força dos gigantes antigos que se propuseram colocar o monte Pélion sobre Ossa e envolver o sombrio Olimpo com Ossa para combater e desalojar os deuses do céu. Não era força comum nem mediana. Não passavam, porém, de meios chouriços, em verdade, serpentes.
A serpente que tentou Eva tinha formato de chouriço. Entretanto, estava escrito que era mais fina e astuta do que todos os nossos seres animados. Os Chouriços são também assim. Alega-se ainda, em certas universidades, que esse tentador era o Chouriço chamado Itifalus, em que fora metamorfoseado antes o bom senhor Príapo, grande tentador das mulheres nos paraísos (termo grego significando os jardins). Os suíços, povo atualmente corajoso e belicoso, poderíamos saber se eram antes salsichas? Eu não colocaria minha mão no fogo. Os himantópodes, povo notável da Etiópia, são, segundo Plínio, chouriços, nada mais.[1]

Para além do admirável encadeamento do texto, importam-nos os vínculos sugeridos por Rabelais entre o Paraíso bíblico e o "paraíso" grego, entre a serpente e Príapo. Se o autor destacou a sedução, outros, inspirados pela gnose e pelo esoterismo helenístico, privilegiarão o retorno a uma origem comum dos dois textos fundadores, retorno que alimentará muitas reflexões alquímicas e místicas.

Assim, Leão Hebreu, em seus *Diálogos de amor*,[2] busca a genealogia e as origens do Amor. Nessa empreitada, e reproduzindo textos famosos de Platão e da tradição helenística, procura determinar a opinião dos filósofos sobre o nascimento do amor e seus laços bíblicos. O texto de Leão é importante não porque reitera lugares-comuns sobre o andrógino, mas por formular o problema em termos que serão encontrados em seguida em muitos outros. Para ele, o amor é duplo, e esse dualismo se encontra em todo lugar, no físico e no espiritual, na própria estrutura do relato do Gênesis e na genealogia do amor. Ainda mais: esse dualismo introduz, pelos mitos gregos e suas relações com o texto bíblico, outra genealogia da humanidade, de seu orgulho e de sua queda. Como se a fábula grega fornecesse história paralela mais explícita – e, para alguns, viva – da Criação bíblica. Curiosamente, a narrativa de Leão é também dúbia. À primeira vista, ele parece repetir os lugares-comuns clássicos descrevendo as modalidades e os benefícios da amizade e do amor, caracterizados por argumentação, adição, acréscimo: "Eles fingem isso porque o honesto Amor pertence às coisas corporais e espirituais: às corporais pela moderação, e às espirituais por todo o acréscimo e *fartura*, em que o desejo pode estender-se, e honesto em ambas as modalidades, pois (como diz Aristóteles) todo sábio é bom e todo bom é sábio: tanto que o amor é duplo no corporal e no espiritual juntos. Ademais, essa geminação convém ao amor amigável e à amizade honesta."[3] A caracterização do amor e sua estrutura dupla preparam o retorno aos relatos da origem, autenticando, pelo mito, uma leitura dos segredos e dos ineditismos bíblicos da Criação. Assim, uma primeira discussão reconstitui detalhadamente os momentos-chave da versão mitológica do andrógino, suas origens e seu destino. Importam aqui os signos e as categorias que reencontraremos em outros textos, e em autores tão diversos quanto Boehme e Foigny. A narrativa de Leão é longa e importante:

> Esse Andrógino era grande e terrível, porque tinha dois corpos humanos *atados* um ao outro pelo estômago, e dois

rostos unidos pelo pescoço numa cabeça, cada um virado para um lado. Tinha quatro olhos, quatro orelhas, duas línguas e dupla genitália [...]. Altivo e soberbo de suas forças, atreve-se a enfrentar os Deuses, tornando-se seu importuno adversário: de modo que Júpiter, aconselhado pelos outros Deuses, decidiu não o destruir totalmente, temendo que a humanidade fraquejante não encontrasse mais ninguém que honrasse os Deuses; nem lhe pareceu bom sofrer e suportar arrogância tão soberba, pois tão grande paciência não poderia ficar sem vitupério na divindade. Foi então determinado e *concluído* que eles seriam separados e divididos (sendo Apolo encarregado de reparti-los longitudinalmente em dois) para conseguirem caminhar reto para um lado sobre dois pés, duplicando assim o número dos que deveriam honrar os Deuses, admoestando-os ainda a não mais se afastarem do dever nem ousarem ofender os Deuses [...].[4]

Dois detalhes, pelo menos, importam: por um lado, a rivalidade entre o andrógino e os deuses; por outro, a dependência dos deuses em relação aos homens – os primeiros devem preservar os segundos para manter a hierarquia de suas relações. Mais do que isso: a solução do problema do andrógino, de repartição e divisão, duplica o número de adoradores de divindades, acrescendo assim seu prestígio. O andrógino é um homem completo: dispensa outro para sua plenitude. Enquanto tal, é autônomo, ou imagina autonomia absoluta que, no âmbito mítico (e bíblico), designa independência e liberdade traduzidas em rivalidade com os deuses. A separação, intervenção violenta no corpo, introduz uma falta e uma nostalgia, e ativa o desejo de junção, que será a nova imagem do amor.

A divisão, duplicando os poderes dos deuses, reduz e quebra a plenitude humana. Desenha-se assim o que separa e distingue os homens e os deuses do que perturba o convívio no Paraíso, no local da origem absoluta. Melhor ainda, a perda e o luto que ela induz participam dos esforços e discursos visando reencontrar a condição primeira em todos os seus poderes. Da nostalgia, passa-se facilmente à utopia das origens perdidas. E o Paraíso torna-se assim a terra prometida, local final dos reencontros infalíveis. O amor é agora, diz Leão, o "agente de uma restituição", o "restaurador" por excelência, ao conjugar corpo e espírito na busca do absoluto; e essa restituição só é possível depois do primeiro erro de Apolo:

> Ora, suas genitálias estavam ainda atrás dos ombros, onde antes era a frente, porque inutilmente espalhavam suas sementes por terra, donde se geraram as mandrágoras. Querendo Júpiter exterminar o gênero humano, que perecia, ordenou a Apolo girar suas genitálias para o ventre, gerando seus semelhantes e satisfazendo-os tanto que eles começaram a buscar o necessário à sobrevivência. Tanto que desde esse tempo o Amor se tornou como que restaurador e reconciliador da Antiga Natureza gerada: e aquele dos dois que refaz um é remédio do pecado que foi a causa de que de um se fizessem dois. O amor, portanto, é cada macho ou fêmea, pois cada um é meio, cada metade desejando tornar-se inteira com sua outra metade. Eis como, segundo tal fábula, o Amor nasceu da divisão do homem, e foram seus dois genitores as duas metades, macho e fêmea, tendentes à sua restauração e *inteira restituição*.[5]

Servindo tal fábula de explicação para a origem do amor, só resta ligá-la ao texto do Gênesis. Leão procede aqui por etapas e sugere, de fato, modo específico de ler o texto bíblico. Ele consiste, ressalte-se, em buscar "contradições" e omissões no relato da Criação enquanto indícios de uma verdade escondida, como as fontes da verdadeira mensagem do texto sagrado. Procurando as contradições e omissões, o leitor iniciado pode reconstruir o significado primeiro do texto. Contudo, enquanto assim procede, precisa considerar as diferenças entre a fábula grega, marcada por um estilo e uma retórica, e o texto hebreu: "Esta fábula [de Platão] é retirada de autor anterior aos gregos, ou seja, Moisés, em sua história sagrada da criação dos primeiros pais humanos, Adão e Eva. [...] A verdade é que ele não contou claramente a fábula, com essas particularidades, mas em poucas palavras compreendeu sua essência, e Platão a tomou dele, ampliando-a e enfeitando-a à maneira da eloquência grega, nela misturando, desordenadamente, coisas hebraicas."[6]

Nesse quadro, Leão explica os segredos do texto bíblico, interpretando suas contradições e omissões[7]. Importa, como em toda leitura esotérica, encontrar a intenção oculta, a mensagem secreta reservada aos iniciados. Aqui, Leão não consegue ser mais claro: "Significa que Adão, o primeiro homem que Deus criou no sexto dia da criação, *representa, significa e contém* em si [*essendo un' supposito umano contenteva*] macho e fêmea indiviso; contudo, diz que Deus criou Adão à imagem de Deus, macho e fêmea os criou."[8] O primeiro homem, Adão, encontra assim sua verdadeira identidade: duplo e andrógino, autônomo e sem exterioridade, modelo de um absoluto. Só nos resta identificar as conclusões de Leão em sua interpretação do relato bíblico, pois, embora ligada a uma tradição gnóstica, atua nos vínculos entre os detalhes do Gênesis e seus significados filosóficos e éticos, traduzindo a preocupação em distinguir o grego do hebraico, a fábula da história, a alegoria do texto sagrado:

> Eu te direi primeiro como deve ser entendida a hebraica história, depois farei o mesmo com a fábula de Platão. Primeiramente, o homem criado macho conjuga-se com a fêmea, inexiste meio ou maneira de pecar: pois a Serpente não pode enganar a fêmea estando conjugada com o homem, como o fez quando ela foi separada dele, e suas forças e ardis não bastavam para enganar os dois juntos; conseguindo, porém, quando eles foram divididos por intervenção divina (tendendo, porém, a bom fim, para que pudessem ajudar-se um diante do outro na carnal conjunção para a geração). Portanto, a habilidade *e capaz disposição* para o pecado seguiu-se à primeira intenção do Criador nessa divisão, pois a Serpente pôde enganar a mulher separada do homem [...].
> Para a moral da história hebraica, era preciso que a divisão precedesse o pecado. Mas a fábula platônica, por mais que proviesse da hebraica e fosse a mesma, é, contudo, diversa, porque naquela o pecado é no homem conjunto *e Andrógino*, que queria combater os Deuses [...]. A primeira intenção de nossa história hebraica é demonstrar que, quando o homem foi criado em estado de beatitude e alojado no Paraíso terrestre, por mais que tivesse sido macho e fêmea [...], eram duas metades ou *sexos em duas pessoas* e partes de homem em estado de beatitude atados *e conjugados* pelos ombros [...].[9]

Malgrado suas relações, a fábula e o relato diferem radicalmente: a fábula introduz um andrógino revoltado. Esse primeiro homem rivaliza com os deuses; seu orgulho atrai a violência divina e a divisão. A narrativa, por outro lado, revela o verdadeiro estado do primeiro homem andrógino: a beatitude e a imunidade contra a sedução e o pecado. É só depois da intervenção divina que a metade fraca, a mulher, sucumbe à serpente. O Paraíso terrestre, nessa história secreta do andrógino, é o local de liberdade absoluta do homem, mas também o de sua perda e do começo de seus esforços para reencontrar seu estado primitivo. Situar o Paraíso terrestre é simplesmente, para certos iluministas e utopistas, reencontrar esse primeiro Adão em sua integralidade. Nesse Paraíso terrestre, não se trata nem da língua divina (falada por Deus ao primeiro homem), nem de outras dificuldades levantadas por Agostinho. O que é mantido é o corpo, imagem da Queda, mas também reserva de restauração e de salvação. O corpo humano, repartido por intervenção divina, é também a promessa ou, mais precisamente, a própria garantia da sobrevivência dos vestígios e restos do estado primeiro. Esse estatuto do corpo, duplo, ambíguo e assombrado pelos acontecimentos da história sagrada, será o cerne de outros pensamentos, com perspectivas diferentes (a de Malebranche, por exemplo). Segundo leituras e interpretações, esse corpo será agente de liberdade ou, ao contrário, prisão escravizante, inscritos no relato do Paraíso terrestre.

Para a corrente destacando a liberdade paradoxal existente no corpo herdado do Paraíso, basta examinar a perspectiva do Filósofo Teutônico, Jacob Boehme.[10] Ele conta a história da Criação várias vezes em sua obra, frequentemente usando linguagem alquímica. Para nossos propósitos, basta a versão de seu *Mysterium magnum*.[11] Para ele, "Adão era homem e mulher, e também nenhum dos dois, mas sim uma virgem, casta, pudica e pura, à imagem de Deus; tinha em si os princípios do fogo e da luz, e é em sua conjunção que residia seu amor por Ele, seu princípio virginal; que era o belo jardim de prazer com rosas plantadas, onde amava a si mesmo; é o que seremos na ressurreição dos mortos, assim nos ensina o Cristo (Mateus 22, 30) dizendo não esposaremos e não seremos desposados, mas seremos como os anjos de Deus".[12] O andrógino, no caso, é o nome de uma virgindade original, imagem da divindade unindo os dois princípios em perfeita harmonia. Essa harmonia primeira é essencial à coerência da interpretação de Boehme, por possibilitar a descrição verídica do que não é explicitado no texto sagrado sobre o Paraíso terrestre e o estado e o corpo de Adão. Uma continuidade entre a natureza da divindade, a estrutura da Palavra divina e do Verbo e suas criações garante a inteligibilidade da articulação dos momentos capitais da história do Paraíso:

> Por Adão ter sido colocado no Paraíso à imagem de Deus para a vida eterna, e por lhe ter o próprio Deus insuflado sua vida e seu espírito, podemos bem descrevê-lo, em sua inocência, como caiu, o que é atualmente e, enfim, o que ele voltará a ser.
> Se Deus o criara na vida terrestre, destrutível, miserável, nu, doente, bestial e lamentável, Ele não o teria colocado no Paraíso. Se tivesse desejado a prenhez e a reprodução bestiais, teria criado desde o início homem e mulher, separados desde o *Verbum Fiat* segundo os dois princípios, macho e fêmea, como foi o caso das outras criaturas terrestres [...].

Quando Deus em seguida, durante seu sono, o destinou, no *Fiat* externo, à vida natural em homem e mulher, segundo a propriedade de todas as criaturas terrestres, e lhe pendurou membros bestiais para se reproduzir; com isso, a pobre alma ainda enrubesce em seu corpo animal.[13]

Se Leão Hebreu explicava os eventos bíblicos enfocando as contradições voluntárias do texto sagrado, Boehme baseia-se na própria lógica e intenção do ato divino. O Paraíso, local da primeira criação, a do homem perfeito, homem e mulher, virgem à imagem da divindade, representa também a emergência da bestialidade, da inscrição corporal da divisão e da repartição, da necessidade de outro, de um parceiro. Mais do que isso, essa queda na duplicidade da bestialidade nega o dualismo original. Tudo depende da mistura:

> Dois seres imutáveis constituíam Adão: ou seja, o corpo espiritual derivado da essência de amor do céu interior, templo de Deus, e o corpo exterior, matéria da terra, morada e receptáculo do corpo interior espiritual, não se revelando, de maneira alguma, segundo a vaidade da terra, pois era limo, extrato da boa parte da terra que deve ser separada dela no julgamento final da vaidade, da maldição e da corrupção do demônio [...].
> Essas duas espécies de seres, o interior celestial e o exterior celestial, estavam conjugadas num só corpo abrigando o princípio santíssimo vindo do fogo e da luz de Deus. [...]
> E é nesse ardente desejo de amor que residiam a gravidez e o nascimento mágicos, pois o princípio fecundante compenetrava as duas essências, a interior e a exterior, e suscitava o desejo; e o desejo era o *Fiat* que se apossava do prazer

amoroso e o introduzia numa substância: assim, a similitude do fac-símile nessa substância era apanhada para formar uma imagem espiritual segundo a primeira [...].¹⁴

Essa primeira mistura, juntando o interior ao exterior, possibilita o "nascimento mágico", totalmente espiritual e sem mácula. O Adão original assemelha-se a Deus: ele se basta e, mesmo em sua reprodução, permanece virgem, já que é autônomo e sem exterioridade. Depois da Queda e da perda da luz divina, ele se tornará dois, homem e mulher, descobrirá ser a imagem da besta interior e conhecerá, pela primeira vez, a vergonha: "Então, quando Adão e Eva comeram da árvore do conhecimento do Bem e do Mal, e a serpente os tornou monstruosos; a propósito, Moisés escreveu: 'Seus olhos se abriram e perceberam-se nus, e teceram folhas de figueira e fizeram para si aventais.' Então a alma reconheceu a imagem monstruosa e corou por besta tão grosseira ter despertado em seu delicado corpo, com carne grosseira e ossos duros, com a genitália bestial da vaidade, e quiseram esconder isso do olhar de Deus e se agacharam envergonhados atrás das árvores. Eles enrubesceram assim pela forma monstruosa da Besta, pois o ser bestial absorvera o ser celestial, e por ter-se reerguido o que outrora eles não conheciam mais: de vergonha, eles não sabiam mais o que fazer."¹⁵

A vergonha, que aparece aqui com a descoberta do corpo e da sexualidade, introduz, no discurso sobre a androginia, uma dimensão moral, uma forma de interiorização e de sociabilidade, oposta à versão de Leão Hebreu, na qual a Queda só anima o desejo de restauração do estado perdido, sem nenhum preconceito moral. Boehme, destacando o contraste entre a bestialidade do corpo dividido e da divindade do corpo andrógino, desdobra assim o Paraíso e sua realidade. Para ele, o Paraíso terrestre é um estado e uma condição, residindo no fundo de uma interioridade. O Paraíso terrestre atrai também restauração, mas uma restauração da união com o Verbo divino assinalando o fim do exílio no abismo da bestialidade e da divisão.

A visão de Antoinette Bourignon, citada e comentada por Bayle em seu *Dictionnaire historique et critique*, e discutida por Leibniz, basta para orientar o leitor sobre a recepção e as apropriações do Adão andrógino na segunda metade do século XVII:

> Deus representou-o em espírito, sem intermédio dos olhos corporais que teriam sido aniquilados pelo peso de tão grande glória, a beleza do primeiro mundo, e a maneira pela qual o retirara do caos: tudo estava brilhante, transparente, radiante de luz e de glória inefável. Ele criou do mesmo modo espiritual Adão, o primeiro homem, cujo corpo estava mais puro e mais transparente do que o cristal, leve e esvoaçante, por assim dizer: no qual, e através do qual, são vistos vasos e riachos luminosos penetrando por dentro e por fora por todos os poros, vasos por onde circulam licores de todos os tipos e de todas as cores, vivíssimas e diáfanas, não apenas de água, leite, mas de fogo, ar e outros. Seus movimentos produzem harmonias admiráveis: tudo lhe obedece; nada lhe resiste nem pode prejudicá-lo. Era maior do que os homens atuais; os cabelos curtos, anelados, puxando para o preto, lábio superior ligeiramente peludo: e, em vez das partes bestiais que não se nomeiam, era constituído do modo como serão restabelecidos nossos

corpos na vida eterna, que não sei se devo dizer. Seu nariz era compatível com o rosto, originando perfumes admiráveis: daí deviam sair todos os homens, cujos princípios ele continha, pois havia em seu ventre um vaso produzindo pequenos ovos e outro cheio de licor fecundando esses ovos. E, quando o homem se entusiasmava no amor a seu Deus, seu desejo de haver outras criaturas para louvar, amar e adorar essa grande Majestade espalhava pelo fogo do amor de Deus esse licor sobre um ou vários desses ovos com delícias inconcebíveis: e esse ovo fecundado saía depois por esse canal ovoide do homem, eclodindo pouco depois um homem perfeito. É assim que, na vida eterna, haverá geração santa e infinda completamente diferente da que o pecado introduziu pela mulher, que Deus formou do homem, tirando pela costela de Adão essa víscera contendo os ovos que a mulher possui, dos quais os homens nascem ainda hoje nela, segundo as novas descobertas da anatomia. O primeiro homem que Adão produziu por si próprio em seu estado glorioso foi escolhido por Deus trono da divindade, o órgão e o instrumento pelo qual Deus queria se comunicar eternamente com os homens. Esse é JESUS CRISTO, o primeiro nascido unido à natureza humana, Deus e homem juntos.[16]

Retrato fantástico do primeiro homem, esse texto de Antoinette Bourignon recapitula os elementos que já identificamos em Leão Hebreu e em Boehme, mas de outra perspectiva. Como nota Bayle, em seu comentário sobre as visões de Antoinette Bourignon, sua descrição de Adão no Paraíso conflui para uma tradição cristã e heterodoxa privilegiando, segundo

Leão Hebreu, o estado de inocência e virgindade do primeiro homem. Mais importante ainda: Bayle liga Antoinette Bourignon com a grande utopia andrógina do fim do século XVII, *La Terre Australe connue*, de Gabriel de Foigny.[17] Bayle refere as semelhanças entre os dois textos, ressaltando diferença importante, a ausência de qualquer noção de pecado no universo austral: "Relatei alhures passagem de Antoinette Bourignon em que ela diz que *o pecado desfigurou nos homens a obra de Deus, e que, em vez de homens que eles deviam ser, eles se tornaram os monstros na natureza, divididos em dois sexos imperfeitos, impotentes em produzir por si seus semelhantes, como são produzidas as árvores e as plantas, que nesse ponto não têm mais perfeições do que os homens ou mulheres, incapazes de produzirem sós, mas apenas conjugados e com dores e misérias*. Excetuando-se a influência do pecado, a doutrina dessa mulher e a do filósofo austral se assemelhariam tanto quanto duas gotas d'água."[18]

Para Foigny, os Austrais, em seu estado atual, representam a sobrevivência de inocência original imaculada pela desobediência e pela queda do primeiro casal. Assim, os Austrais representam, não pré-adâmicos independentes da história sacra, mas, ao contrário, os vestígios da herança do Adão primordial. Extrapolando a cronologia, os Austrais de Foigny expressam a possibilidade de recuperar outra genealogia humana, encontrando herança conhecida, mas perdida:

> Eu escutava esse homem antes como oráculo do que filósofo: todas as suas proposições me forneciam raciocínios que eu considerava invencíveis. "Verdadeiro Deus", dizia eu, "como as luzes desse homem se aproximam dos sentimentos de nossa fé, e como é fácil casar aquelas com esses.

Viemos nus: e, enquanto permanecemos inocentes, nossa nudez nos foi agradável. Só o pecado nos horrorizou perante nós mesmos, e quem maculou nossa alma perante Deus nos tornou insuportáveis. Vendo essa gente, Adão parece não ter pecado neles, e são o que teríamos sido sem essa queda fatal" [...].[19]

A nudez dos Austrais, sua atitude ante seus corpos assinalam seu verdadeiro estatuto. A Terra Austral é o Paraíso terrestre, ou, em outras palavras, ela fornece aos que a conhecem o acesso ao Paraíso terrestre perdido pelo resto da humanidade. Assim, a utopia de Foigny identifica verdadeira partilha entre os herdeiros do primeiro Adão inocente e o resto da humanidade, marcado pela Queda e pela culpabilidade do primeiro casal. O Paraíso austral possui geografia única, moldada pelos herdeiros do primeiro Adão e demonstrando o poder de seus habitantes. Nada mais eloquente do que essa distribuição das heranças e modalidades de existir. A diversidade linguística opõe-se aqui à língua única e desconhecida dos Austrais; sua religião consiste em não falar de religião.[20] Em sua morte, como em sua vida, eles diferem: eles simplesmente existem. Sem ambição e livres de qualquer paixão, os Austrais, malgrado sua autonomia, conhecem a morte. "Enfim nos aborrecemos de viver, porque temerosos ligar-nos a nós mesmos com toda a ternura que poderíamos ter [...]."[21]

O que marca e distingue os Austrais, afinal, é sua proximidade com Deus.[22] A vida para eles é só perturbação e tormento. Essa proximidade é simbolizada pelo corpo, pela maneira como se reproduzem e por sua atitude ante a finalidade de sua existência. Autonomia e indiferença, por um lado, aborrecimento e desejo de repouso, por outro. Entre ambos, a autogeração e o cansaço que lembra o sétimo dia, os Austrais estão aí para mostrar o verdadeiro caminho ao resto dos homens caídos, aos herdeiros do outro Adão, daquele que perdeu seu verdadeiro corpo, sua identidade e seus poderes. O Paraíso terrestre aqui não é essa Terra Austral conhecida, mas antes a prova e a promessa de outra vida, de existência fora da história humana e suas vicissitudes. Assim — e Bayle o compreendeu muito bem —, a utopia de Foigny privilegia duas diferenças entre os homens e os Austrais: sua origem e sua história. Basta, para avaliar essa perspectiva, ler as observações de Bayle a respeito:

> Só quis falar a respeito porque o mencionara em meu artigo sobre Adão, para suplementar as quimeras de Antoinette Bourignon, pois é preciso saber que Jacques Sadeur, que diz ser hermafrodita, relata que foi o que o livrou da morte, em país onde cada pessoa tem dois sexos, e onde se lida com monstros marinhos, que não são poupados pelos de nosso continente. *Todos os Austrais*, diz, *têm os dois sexos; e, se acontece de uma criança nascer com um só, ela é sufocada como se fora um monstro*. Ele não explica bem a maneira como concebem [...]: mas ele não deixa de esclarecer *que as crianças chegam a suas entranhas ao modo das frutas nas árvores* [...]; *que vivem sem sentir nenhum ardor animal uns pelos outros, que eles não conseguem nem ouvir falar a respeito sem se horrorizar, que seu amor não tem nada de carnal nem de brutal, que eles se bastam plenamente a si mesmos e de nada necessitam para serem felizes e viver contentes*. Ou seja, os raciocínios que ele empresta a um ancião austral supõem que cada indivíduo é a causa única e total das crianças que põe no mundo [...]. Sadeur

compreendeu tão bem esses princípios e suas consequências que, para mostrar que ele compreendia, usou estas palavras: *Eu refletia sobre a maneira de agir do soberano Ser; via bem que a criatura só se Lhe assemelharia mais se agisse só, do mesmo modo que Ele em suas produções e que um ato que se praticava com o concurso de dois não podia ser tão perfeito quanto o produzido sozinho.* Eis, portanto, os povos da Terra Austral nos princípios de Bourignon [...].[23]

O modelo hermafrodita, trabalhado por Antoinette Bourignon e adaptado por Foigny, introduz proximidade única entre os Austrais e a divindade. É também essa proximidade que gera, segundo Foigny, a dupla história, a da Terra Austral e seu Paraíso, a dos europeus e seu Paraíso perdido:

Sadeur diz que os Austrais *contam mais de doze mil revoluções de solstícios desde o começo de sua república, e asseguram originar-se de divindade que, de um só sopro, produziu três homens, dos quais todos os outros vieram; que eles só originam os europeus cinco mil revoluções depois deles, e que a origem que lhes dão é totalmente ridícula, pois eles dizem que uma serpente de grossura desmedida e anfíbia, tendo se lançado sobre mulher adormecida, e tendo gozado sem lhe ter feito outro mal, essa mulher acordou depois do ato, do qual se horrorizou tanto que se precipitou no mar;* a serpente a carregou até ilha vizinha, onde ela *se arrependeu de seu próprio desespero* e pariu duas crianças, um macho e a outra fêmea, que mostraram tanta malícia que sua mãe ficou inconsolável. A serpente percebeu seus aborrecimentos e lhe indicou que a conduziria à sua terra, se desejasse. Ela a levou lá efetivamente, retornando em seguida para seus dois filhos, que copularam e se multiplicaram. Não parece maldosa alusão à fábula de alguns heréticos [*Archontici* apud Epifan., *haeres*. XL], em que a serpente tentadora engravidou Eva de duas crianças?[24]

A utopia de Foigny atualiza assim o Paraíso terrestre sob forma de sobrevivência desconhecida das origens primeiras. Apropriando-se das leituras do mito andrógino que privilegiam interpretação espiritual, no sentido de que situam os vestígios da origem perdida no interior do próprio homem caído, ela introduz duas geografias, dois espaços em que os habitantes se distinguem pela própria natureza de seus corpos. O eleito é o pária europeu, cujo corpo permanece misterioso e secreto, e que, sem a Terra austral, se desconhece. O Andrógino encarna também, para o místico, a Natureza Perfeita, naquilo que Henry Corbin identifica como o tema do Gerado-Genitor.[25]

Todos os caminhos no Paraíso terrestre, ao que parece, passam pelo corpo. Contudo, sabe-se que o corpo permite muitas escolhas e oferece múltiplos espetáculos a quem busca tanto o Paraíso como sua história. Assim, deve-se evocar aqui, rapidamente, essa outra explicação sobre o papel da serpente na reprodução do gênero humano e sobre a verdadeira situação do Paraíso terrestre. Cyrano de Bergerac, em *Les États et Empires de la Lune*, também o encontra.[26] Chegando à Lua, ele descobre, com efeito, o que é o Paraíso: "Enfim, depois de cair longamente, prejulgava (pois a violência do precipício me impedia de notá-lo); lembro-me de estar sob uma árvore emaranhada com três ou quatro galhos, grossos o bastante, que destroçara ao cair, e o rosto sujo de maçã. Felizmente, aquele local era, como logo sabereis, o Paraíso terrestre, e a árvore sobre a qual caí, justamente a Árvore da Vida. Assim, poderíeis julgar que sem esse acaso eu estaria mil vezes morto. Muitas vezes refleti sobre o que vulgarmente se afirma, que, ao precipitar-se de lugar muito alto, sufoca-se antes de atingir a terra, e concluí, com minha aventura, ser mentirosa a afirmação, ou então seria necessário que o suco enérgico dessa fruta, que escorrera em minha boca, chamasse minha alma, que não estava longe do meu cadáver, ainda morno e ainda apto para as funções vitais."[27] Acordando, o narrador encontra a geografia familiar do Paraíso terrestre: os quatro rios e a natureza encantada. Ele encontra também um jovem que lhe revelará os segredos do Paraíso e sua história:

> Afora a qualidade de Deus, disse, de quem não passo de criatura, o que dizeis é verdadeiro; esta terra é a lua que vedes de vosso globo, e este local em que andais é o paraíso, mas é o paraíso terrestre, onde não mais do que seis pessoas já entraram: Adão, Eva, Enoque, eu que sou o velho Elias, São João Evangelista e vós. Bem sabeis de que modo os dois primeiros dele foram banidos, mas ignorais como chegaram a vosso mundo. Sabei que depois de terem ambos experimentado a maçã proibida, Adão, temente a Deus, irritado por sua presença, não quis agravar sua punição e considerou a lua, vossa terra, o único refúgio contra as perseguições de seu criador.[28]

Identificado e reconhecido o local, Elias explica ao narrador o que aconteceu depois da sedução de Eva, a desobediência e o castigo da serpente:

Esquecia-me, ó meu filho, de vos revelar um segredo que não podeis conhecer. Sabereis, portanto, que depois que Eva e seu marido comeram a maçã proibida, Deus, para punir a serpente que os havia tentado, relegou-a no corpo do homem. Desde então não nasceu criatura humana que, por punição do crime de seu primeiro pai, não alimentasse uma serpente em seu ventre, saída da primeira. Vós os chamais intestinos e os credes necessários às funções vitais, mas sabei que não passam de serpentes dobradas sobre elas mesmas em muitas dobras. Quando ouvis vossas entranhas gritar, é a serpente que sibila, e, seguindo essa tendência à gulodice que outrora incitou o primeiro homem a comer demais, pede para comer também, pois Deus, que, para vos castigar, queria vos tornar mortal do mesmo modo que os outros animais, vos tornou vítima desse insaciável, para que, alimentando-o demais, o sufocásseis, ou se esse esfomeado mordendo com dentes invisíveis vosso estômago recusais alimentá-lo, ele grita, esbraveja, soltando esse tóxico que vossos médicos chamam bile, queimando-vos tanto, pelo veneno que ele inspira a vossas artérias, consumindo-vos cedo. Enfim, para vos mostrar que vossos intestinos são a serpente que possuís no corpo, lembrai-vos de que eles foram encontrados nas tumbas de Esculápio, Cipião, Alexandre, Carlos Martel e Eduardo da Inglaterra, alimentando-se ainda dos cadáveres de seus hospedeiros.[29]

A serpente está presente, refletindo o texto de Rabelais, que introduz a serpente "chourícica", agente da mortalidade e do desejo. O texto de Cyrano ecoa certas passagens de *La Doctrine curieuse des beaux esprits de ce temps*, do padre Garasse:

Dificuldade de nossos epicuristas quanto ao Diálogo de Eva com o Diabo na forma de serpente.
O que nossos libertinos acham duro de crer, tornando-se pomposos a respeito, é na imagem que dizemos ter sido tomada pelo Diabo para enganar nossa primeira mãe: que uma serpente falasse, como está escrito no Gênesis, que uma mulher, naturalmente temendo serpentes, ousasse conversar com ela, naqueles longos discursos, que a serpente tenha sido castigada por sua transgressão a caminhar e arrastando-se sobre seu ventre. Tudo isso lhes parece despropositado: ao que eu respondo pela ordem, para lhes mostrar a pequenez de seu espírito. [...] Para essa imagem de serpente, a Escritura justifica por que essa e não a do rouxinol ou outro animal: do mesmo modo que *Callidior erat omnibus*. O Diabo que usa as coisas naturais, que sabia a serpente mais escorregadia e sutil do que os outros, serviu-se expressamente de sua imagem. [...] Que uma serpente fale, não acho mais difícil de falar a respeito do que sobre um papagaio; se os homens encontraram meio de fazer um pássaro falar, penso que um Anjo com mais espírito do que nós teria facilmente achado o meio de fazer uma serpente falar: aliás, não era a serpente que falava, era o Diabo, e formava as palavras na garganta da serpente, do mesmo modo que antes colocava as falas e respostas nos ídolos.[30]

Sendo ela mesma a imagem da dobra e do duplo, a serpente habita o corpo do homem e circula em suas artérias, lembrando permanentemente a história do Paraíso terrestre. E é essa fisiologia do mal, se assim se pode dizer, que devemos examinar agora na obra de Malebranche.

Marcas e chagas: uma economia bíblica das feridas

Também para Malebranche tudo segue o modelo veiculado pela transferência e transmissão inauguradas e descritas no relato do Gênesis. Esse modelo, a economia da Criação e da Encarnação segundo a interpretação do filósofo cristão, explica o destino da humanidade, mas principalmente legitima o uso específico da razão humana. Os vínculos íntimos entre a racionalidade e a origem conduzem, necessariamente, segundo Malebranche, ao verdadeiro conhecimento da ordem inteligível:

> A única regra que desejo que se observe cuidadosamente é a de meditar apenas sobre ideias claras e experiências incontestáveis [...] pois o Verbo encarnado só é nosso modelo para nos conformar à Razão, modelo indispensável para todas as inteligências, sobre o qual o primeiro homem foi formado, modelo sobre o qual devemos ser reformados pela loucura aparente da fé, que pelos sentidos nos conduz à nossa razão, à contemplação de nosso modelo inteligível.[31]

Esse modelo indispensável, inscrito no ato primeiro da Criação, apoia material e, sobretudo, fisiologicamente uma economia cognitiva de uma psicologia do conhecimento estruturada por inscrições ao mesmo tempo corporais e psicológicas. Malebranche as designa por palavras: *chagas* e *feridas*. Fendas e aberturas internas, inferiores, as chagas regulam grande parte do funcionamento especificamente imaginativo e, com isso, influem moralmente.

A imaginação fica longamente manchada pela impressão da paixão que dominou, pois as chagas recebidas pelo cérebro na ação dos objetos e movimento dos espíritos não se curam facilmente. Como os espíritos animais atravessam naturalmente as zonas cerebrais mais abertas ou expostas a seu trânsito, é impossível curar as feridas da imaginação sem desviar incessantemente o curso dos espíritos que as renova. Pois é impossível cicatrizar chaga nela enfiando recorrentemente o punhal que a causou ou algo que a renove ou agrave.[32]

A alma vive provação em seu corpo, em parte, em virtude das chagas e feridas causadas no cérebro do primeiro casal humano na Queda e desobediência. Esse sofrimento da alma não explica apenas os mecanismos das trocas corporais, mas também a própria economia da graça. Nessa perspectiva, Malebranche radicaliza certas teses magnas de Agostinho sobre a graça, modernizando-as, ligando-as a um mecanismo celeste do corpo, única explicação para a necessidade da Encarnação e da salvação. Assim, a narrativa fundadora do Gênesis traduz-se em sinais e marcas, em chagas e feridas ligando, segundo a ordem divina, todos os elementos da vida humana, material ou espiritual.

Em quinto lugar, suponho que os objetos não atingem jamais o cérebro sem deixar aí marcas de sua ação, nem os espíritos animais rastros de seu percurso, que essas marcas e feridas não se fecham ou desaparecem facilmente, quando o cérebro foi frequente ou rudemente atingido, e a passagem dos espíritos foi rápida ou recomeçou muitas vezes da mesma forma; que a memória e os hábitos corporais consistem só nesses mesmos vestígios, particularmente facilitando ao cérebro e a outras partes corpóreas obedecer ao curso dos espíritos, ferindo, assim, o cérebro e maculando a imaginação, quando se gozou dos prazeres, sem medo de se familiarizar com os objetos sensíveis.[33]

Por outro lado, enquanto herança direta do pecado original, essas chagas constitutivas configuram assim sujeira tocando a tudo. Daí a necessidade de limpeza, de fechamento da abertura conspurcadora e da fenda enganadora. Esse fechamento corresponde ao modelo instituído pela Criação e completado pela Encarnação; introduz o vaivém entre o Verbo e a Carne, espírito e corpo, dom e graça, esquecimento e memória, saber e imaginação. E exibe, sobretudo, os poderes de uma "fisiologização" filosófica no Gênesis. O Paraíso é efetivamente uma cena primordial, abertura inaugurando a história humana e introduzindo-se tanto no corpo quanto, pelo menos para Malebranche, no próprio cérebro, pela força e profundidade das primeiras feridas. A história humana é a história de uma chaga fundadora, ferida original propagando-se progressivamente, cujo único remédio é uma cicatrização espiritual e mesmo mística. Mas mística corporal, de sua fisiologia; uma mística do espírito e do cérebro, atraída e trabalhada pelo movimento e circulação centrados nas feridas e em seus diversos efeitos.

Malebranche interioriza os efeitos do Paraíso no próprio corpo da humanidade e literaliza o relato da Criação em seus efeitos no homem. Assim, para ele, há dois tipos de marcas no cérebro: os vestígios herdados de nossos pais guardando as feridas infligidas pela Queda são únicos, ao se ligarem à própria máquina que é o corpo; são também naturais, ou rastros que não se apagam, exigindo novíssima descrição dos movimentos e funcionamento do corpo.

Em primeiro lugar, Malebranche transfere o local principal dessas marcas bíblicas do coração para o cérebro. Ele assim as desdobra para melhor explicar as manifestações fisiológicas da Queda e as consequências morais e materiais. Não se trata mais aqui de inscrição no coração do resto de uma língua original e primitiva, tampouco dos vestígios de uma primeira comunicação privilegiada entre o Criador e Sua criatura. Muito pelo contrário, a narrativa bíblica da Queda, em seus detalhes mesmos, propicia uma fisiologização da interioridade e uma materialização de qualquer intervenção divina, a graça, enfim. E é nesse sentido restrito e preciso que se pode falar do corpo enquanto microcosmo em Malebranche. Esse microcosmo funciona ao modo de dupla máquina de comunicação: primeiro, comunicação entre pais e filhos, modelo da comunicação entre o cérebro e o corpo inteiro; segundo, comunicação entre Deus e o homem. Nesse sentido, as teorias (ou, antes, as explicações) de Malebranche radicalizam e deslocam as orientações fixadas de Descartes em *Les Passions de l'âme*, inscrevendo-as em problemática estritamente cristã associando herança e Queda, que insiste no papel determinante da Queda e em suas manifestações sobre o corpo humano. As correias de transmissão dos pecados originais constituem, pelo menos para Malebranche, a natureza ou, mais precisamente, as marcas naturais no corpo, estando no centro do funcionamento corporal humano. Ademais, ao fisiologizar a Queda, Malebranche neutraliza qualquer tentativa iluminista de explicação. Ele introduz assim uma economia específica da salvação e da redenção, economia fundada em circulação e em transmissão das marcas e chagas, em sua natureza e em seu vínculo íntimo com a memória e a ordem natural. Uma economia de marcas e um intercâmbio de feridas: o corpo humano é então verdadeiramente palco do destino humano. Daí a inseparabilidade da ética e da fisiologia nos textos de Malebranche. Examinemos alguns detalhes dessa cena primitiva animando o corpo humano.

As teses de Malebranche incorporam às explicações contemporâneas alguns aspectos magnos da transmissão do pecado, ensejando a fundação de uma ciência cognitiva cristã, baseada no papel central do cérebro e dos mecanismos comunicativos entre a alma e todas as partes do corpo. Nesse contexto, o corpo constitui a matéria-prima dos efeitos negativos da Queda, ou, mais exatamente, dos efeitos nefastos das feridas corporais e cerebrais infligidas por ela. "Mas o que eu desejo que se observe principalmente é que tudo indica que os homens guardam ainda hoje em seu cérebro marcas e impressões de seus primeiros pais. [...] Assim, nossos primeiros pais, depois de seu pecado, receberam em seu cérebro vestígios tão grandes e marcas tão profundas pelas impressões dos objetos sensíveis que eles bem que os poderiam ter comunicado aos filhos."[34] Duplo detalhe: o pecado pertence ao corpo, ele marca o cérebro. Ele o faz deixando as impressões profundas, que, em parte em virtude de sua profundidade, se comunicam de geração para outra. A Queda, em sua versão malebranchista, inventa não simplesmente a diversidade linguística, mas também e sobretudo uma linguagem única, a linguagem corporal, da herança corpórea e sua transmissão. É uma linguagem das marcas e impressões unindo a humanidade em suas feridas. Uma comunicação universal sobrevive no e pelo corpo. "Pois, como é necessário pela ordem natural que os pensamentos da alma correspondam às marcas cerebrais, pode-se dizer que desde que somos formados no ventre materno estamos no pecado e infectados pela corrupção de nossos pais, já que desde aquele tempo estamos fortemente ligados aos prazeres sensuais. Tendo no cérebro marcas semelhantes às das pessoas que nos dão o ser, necessariamente temos também os mesmos pensamentos e inclinações relacionados às coisas sensíveis."[35] Malebranche formula aí a verdadeira semelhança entre filhos e pais: as marcas se comunicam e conservam a lembrança da Queda primeira. Ademais, essas marcas não são adquiridas: são o produto mesmo da matéria:

> Deve-se saber que existem dois tipos de marcas no cérebro: as naturais ou próprias à natureza do homem e as adquiridas. As naturais são muito profundas, impossível apagá-las totalmente; as adquiridas, ao contrário, podem ser facilmente perdidas, pois ordinariamente não são tão profundas. [...] Todavia, elas diferem por as naturais formarem, por assim dizer, aliança com as outras partes do corpo, pois todas as engrenagens de nossa maquinaria se entreajudam, para conservar-se em seu estado natural. Todas as partes corporais contribuem mutuamente para o todo necessário à conservação ou para o restabelecimento das marcas naturais. Assim, não podem ser completamente apagadas e começam a reviver quando parecem destruídas. [...] As marcas adquiridas não estão no cérebro e [...] não se desenvolvem no resto do corpo.[36]

A ciência cognitiva de Malebranche introduz um sistema fechado em que as feridas definem o natural e o acidental; ela explica assim a manifestação corporal e moral da desobediência bíblica. A gênese do problema reproduz a genealogia de uma transmissão das feridas infligidas ao cérebro do primeiro casal. É essa perspectiva "naturalista" que distingue a moral de Malebranche, explicando a centralidade de sua dimensão psicológica. Porque o cérebro e o corpo são descritos como locais de troca entre marcas e feridas, as transformações das aberturas prosseguem na geração do gênero humano. A interiorização material dos detalhes determinantes do relato do Gênesis enseja imagem privilegiada, a da boca aberta:

> Essas marcas podem ser comparadas às chagas corporais ordinárias; são feridas recebidas pelo nosso cérebro, cicatrizando por si, como as outras chagas, pela construção admirável da máquina. Se fizéssemos na bochecha incisão maior até do que a boca, essa abertura se fecharia paulatinamente. Mas a abertura da boca sendo natural, isso jamais acontecerá. Acontece o mesmo com as marcas do cérebro; elas não se apagam, mas as outras se curam com o tempo. Verdades com consequências infinitas para a moral.[37]

Da língua falada à língua da fisiologia, a abertura que não cicatriza, a abertura natural determina a verdade da semelhança e suas representações corporais e espirituais. Malebranche reúne assim a língua primeira e a Queda primeira no gesto da ferida e sua naturalização no corpo humano.

Combinatória e Criação:
Deus e o *corpus* homérico

Tentando refutar os argumentos de Malebranche, Fénelon desenvolverá prova totalmente diferente da Criação. O que torna importante sua demonstração – embora aparentemente ela se distancie dos problemas levantados por meditação sobre o Paraíso terrestre e sua situação – é que ela introduz uma lógica que será explorada, de outro modo e com outros fins, por Leibniz em suas reflexões sobre as relações entre a criação divina e a liberdade retratada no Paraíso.

Segundo Fénelon, em *Réfutation du système du père Malebranche*, sua filosofia expressa-se, sobretudo, naturalmente, como a Escritura. Essa eloquência natural da filosofia, por sua simplicidade e precisão, capta o movimento e o encadeamento do texto sagrado sem o submeter ao rigor metafísico e aos erros introduzidos pela ordem em sua leitura e explicação. A outra filosofia, de Malebranche ou Spinoza, é inócua na interpretação da Escritura. A constatação é simples, mas decisiva. Contudo, dentro de toda uma série de variações em torno do tema central, encontra-se em Fénelon tensão radical entre as exigências teológicas ou espirituais e as contingências estéticas e retóricas. A causa dessa tensão e da demonstração subsequente são a criação divina, seu estatuto, sua validade, até sua legitimidade.

Nesse contexto, Homero é o modelo central e exemplar, até mesmo privilegiado, pela simplicidade antiga, mas principalmente por aquilo que Boileau designará *esprit fort* [espírito forte, personalidade forte ou cético], ou seja, um poeta, criador que se identifica e se representa na plenitude de sua escrita.

Homero como poeta encarna, inicialmente, os segredos de estilo e composição harmoniosa reproduzindo naturalmente sua idade. Aqui, Fénelon apenas segue Longin e sua distinção clássica entre a *Ilíada* e a *Odisseia*. Enquanto na primeira epopeia "Homero é como vento favorável secundando o ardor dos combatentes",[38] ele "cochila" algumas vezes na segunda, e esse sono, característico da velhice de Homero, explica as longas narrativas da *Odisseia*.[39] A adequação, por assim dizer, entre o autor e sua obra reforça e ressalta o "natural" do estilo, composição e estrutura da epopeia homérica. Esse natural é evocado nos *Dialogues sur l'éloquence*, insistindo sobre os vínculos íntimos dos autores antigos com a Escritura. Para sentir a eloquência da Escritura, basta, segundo Fénelon, o gosto da simplicidade antiga. Assim, "deve-se conhecer Homero, Platão, Xenofonte e os autores dos antigos tempos. Depois disso, a Escritura não mais vos surpreenderá; são *quase* os mesmos conteúdos, narrativas, imagens das grandes coisas, movimentos".[40] Essa semelhança, mesmo que puramente estilística, entre o antigo e o bíblico será abandonada depois por Fénelon pelas outras duas interpretações, ou melhor, dois usos diferentes, o de Homero e o da epopeia homérica.

Primeiramente, é uma função de representação política e sobretudo ética que é atribuída a Homero. Malgrado a celebração das divindades da idolatria e seus erros pagãos, prova o valor civilizatório da poesia e testemunho contra a barbárie. No diálogo entre Aquiles e Homero, Fénelon traduz diretamente o estatuto simbólico da celebração poética da política dos grandes homens (comentando diretamente o reino de Luís XIV). "Quando a um príncipe falta um Homero, é que não merece ter um. Sua falta de gosto atrai a ignorância, a grosseria e a barbárie. A barbárie desonra um país inteiro, retirando qualquer esperança de glória duradoura ao príncipe reinante."[41] A poesia, vista através de Homero, desenvolve e amplia a estrutura identificadora entre o poeta e sua época; ela reproduz e retoma em nível mais elevado e complexo os laços entre o *corpus* e uma vontade poética. Importa notar que aqui, e também no texto de Longin, Homero se opõe radicalmente a Alexandre. O poeta épico representa a ordem natural da representação, ao passo que Alexandre nomeia o absoluto da representação de uma vontade política ilimitada, porém interrompida. Entre essas duas figuras de autoridade privilegiadas, Fénelon situa o *corpus* homérico, sua unidade, organização, afora sua diversidade e complexidade, a serviço da teologia e da espiritualidade. Nesse novo contexto, Homero comprova, de modo irrefutável, a criação divina e o relato do Gênesis, tornando-se arma sutil contra a heresia e o ateísmo.

Em "L'art de la nature", título da primeira parte de *Démonstration de l'existence de Dieu*, Fénelon retoma seu Homero, mas agora a serviço do cristianismo e de sua interpretação do Gênesis. Para Fénelon, há dois modos de encontrar Deus na natureza. O primeiro, mais abstrato, conduz o homem, pela meditação e pela contemplação, a conhecer a divindade por sua ideia. É, pelo menos para Fénelon, caminho seguro para a fonte da verdade. Todavia, como ele mesmo observa: "É uma demonstração tão simples que escapa, por sua simplicidade, aos espíritos incapazes das operações puramente intelectuais."[42] A perfeição desse caminho o torna quase inacessível. O segundo, proporcionado aos "medíocres",[43] baseia-se em filosofia popular, permitindo aos homens descobrir "aquele que se pinta em todas as suas obras".[44] Se os homens não acharam

Deus na natureza, é culpa exclusiva das paixões e dos preconceitos e superstições que despertam no espírito dos homens. Para Fénelon, toda a natureza apresenta Deus, mas os homens não O veem em lugar algum.

Para explicar a ordem natural ou, mais exatamente, a ordem divina na natureza, Fénelon contrapõe a arte ao acaso. Ele distingue obra com autor dos efeitos fortuitos e cegos. Insiste sobre a intencionalidade da concepção e a construção da obra de arte que é a natureza. Por "arte" Fénelon designa "conjunto de meios escolhidos expressamente para chegar a determinado fim".[45] O acaso, evidentemente, é incapaz de produzir arte. Para ilustrar essa oposição, Fénelon repete o que chama "célebres comparações dos antigos": "Quem acreditará que a *Ilíada*, de Homero, esse poema tão perfeito, não tivesse sido composto por esforço genial do grande poeta, reunindo-se os signos alfabéticos desorganizados por simples acaso, como que num jogo de dados, precisamente na ordem necessária para descrever em versos harmônicos e diversificados tantos grandes eventos? [...] Por mais sutil que seja o raciocínio, jamais se persuadirá um homem sensato de que a *Ilíada* seja de simples autoria do acaso."[46] A complexidade e a harmonia da obra revelam a intenção de sua elaboração. Quanto ao acaso, ele jamais se aproximará de tal finitude. Para Fénelon, a ordem, a proporção, a simetria, a intenção manifesta da obra não permitem atribuí-la a causa cega. Por esse ângulo, Homero torna-se figura paradigmática de demonstração essencial dos vínculos determinantes entre autor e obra, e, por extensão, entre Deus e natureza. Como se o poeta fosse modelo reduzido do Criador. Aqui não se trata mais, como nos *Dialogues sur l'éloquence*, de semelhança entre os costumes e as maneiras de representar, entre Homero e os textos bíblicos. A *Ilíada*, de Homero, em toda a sua simplicidade e perfeição, reproduz em microcosmo a obra de Deus na natureza. Mas, bem além desse reflexo, a *Ilíada*, em sua especificidade, é impossibilidade lógica ou matemática para o acaso. A combinatória que representa é instância única, consequentemente, só decorre como produto de uma vontade. Homero jamais será abolido por arremesso de dados. Deus nunca será cancelado por lanço de dados.

Fénelon matizará seu cálculo probabilístico na *Demonstration de l'existence de Dieu*. Em vez de lanço de dados, instância única da escolha ou do acaso, ele descreve um "número infinito de combinações casuais de letras".[47] É certo que todas as combinações estão compreendidas nesse total, que é infinito. Assim, a *Ilíada* não passa de combinação de letras, porém não pode ser casual. Ela reflete uma ordem, unidade expressando o trabalho criador de um autor; e tanto o texto bíblico como a própria natureza nada mais são do que combinações de letras e de efeitos da vontade e da criação divina.

A dimensão estética da demonstração e da argumentação de Fénelon convida-nos a situá-la entre as teses de Malebranche e as teorias de Leibniz. A Queda, para Malebranche, produz efeitos fisiológicos no corpo humano. Introduz no cérebro marcas e chagas ativando os efeitos da desobediência do homem e explicando os vínculos entre o raciocínio e a fisiologia depois da Queda. Para Leibniz, por outro lado, a natureza demonstra harmonia preestabelecida, a liberdade de Deus no ato da Criação, que centraliza a argumentação leibniziana favorável à liberdade em geral.

O RETORNO DOS MANIQUEÍSTAS

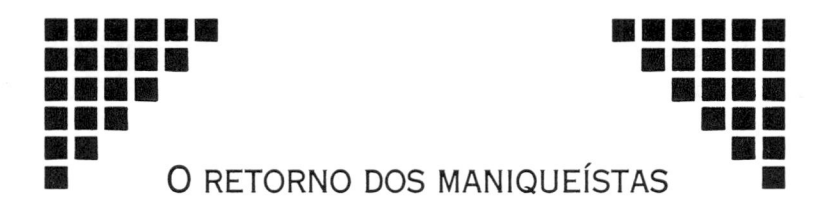

> Ouvi dizer em Fontenelle que Bayle lhe escreveu sua primeira intenção, que era colocar os fatos em seu dicionário, todos os fatos sustentados pelos autores, com notas provando sua falsidade. De modo que, no corpo da obra, só haveria falsidade.
>
> MONTESQUIEU, *Spicilège*[1]

Bayle desempenha, no final do século XVII, papel central nos debates intelectuais da época. Sua obra reúne erudição, humor, polêmica, preparando terreno para os filósofos iluministas. Como vimos, as suas observações sobre Antoinette Bourignon e as aventuras de Jacques Sadeur na Terra Austral mostram que ele se empenha em criticar as apropriações de relatos e mitos a serviço de explicações errôneas dos textos da Escritura. Examinaremos a seguir as posições de Bayle sobre o Paraíso ou a sexualidade de Adão e, sobretudo, exposição e "defesa" das ideias maniqueístas sobre o problema do mal. Consideraremos também as polêmicas suscitadas por esse posicionamento nos textos dos eruditos que estudaram a história do maniqueísmo. A leitura desses escritos de Bayle enseja o exame de seus efeitos sobre a *Teodiceia* de Leibniz e de suas diferenças para com a interpretação de Spinoza sobre o estatuto do Paraíso terrestre.

É lícito perguntar-se por que o maniqueísmo importa tanto nos debates e polêmicas entre Bayle e seus diversos interlocutores. Aqui, várias pistas convergem. Há, por um lado, o problema do mal moral, relacionado ao relato do Gênesis (criticado pelos maniqueístas). Por outro, o estatuto do maniqueísmo como heresia — e das mais importantes — atrai a crítica de Bayle, querendo duplamente defender os protestantes contra a acusação de heresia (o maniqueísmo centraliza os debates entre católicos e protestantes) e revalorizar a própria noção de heresia, enxergando aí não mais desvio de ortodoxia, mas, antes, expressão de autonomia fundadora de qualquer tolerância autêntica.

Na *Dissertation contenant le Projet*, do *Dictionnaire*, Bayle apresenta seu trabalho como esforço para "compilar a maior coletânea que [lhe] será possível dos erros encontrados nos dicionários".[2] Pode-se definir o *Dictionnaire* de Bayle como a obra que celebra o erro em todas as suas manifestações possíveis. A noção de erro é encontrada nos escritos iniciais de Bayle sobre o projeto do *Dictionnaire* e apela a certas imagens ou metáforas que ele repetirá mais tarde a exemplo da caça: "Se eu quisesse repetir a metáfora da caça que já usei, deveria dizer que em verdade os que procuram os erros dos autores acham às vezes o bicho morto, ou latindo, mas outras vezes revida ou se esquiva do golpe, ou até se defende vigorosamente, embora bastante ferido." Ou mesmo a república das letras: "Não seria desejável dicionário crítico para recorrer e garantir que o que está nos outros dicionários e em todos os outros livros é verdadeiro? Seria a pedra de toque dos outros livros, e conheceis aquele homem com linguagem um pouco pedante que não deixaria de chamar tal obra *a agência de seguros da república das letras*."[3]

Ernst Cassirer observou bem a importância do erro no procedimento de Bayle:

> O particular valor dessas considerações históricas decorre de Bayle não se contentar em avançar *in abstracto* essas exigências, seguindo-as até os detalhes mais concretos. Nunca antes dele se criticara a tradição tão rigorosa e inexoravelmente, com tão minuciosa exatidão. Ao despistar suas lacunas, obscuridades, contradições, Bayle é incansável. Aí aflora seu verdadeiro gênio de historiador, consistindo, por mais paradoxal que pareça, não na descoberta do verdadeiro, mas na do falso. [...] Seu instinto de cão de caça aí celebra seu verdadeiro triunfo; sua alegria é insuperável quando detecta erro discreto, arrastando-se pelos séculos. Novamente, a ordem de grandeza desses erros pouco lhe importa; sua existência o fascina como tal e por sua qualidade. O erro deve ser perseguido até seus últimos refúgios e inexoravelmente extirpado, seja grande ou pequeno, sublime ou miserável, grave ou insignificante. [...] Com todas essas exigências, Bayle foi o verdadeiro criador da "acribia" histórica.[4]

Dicionário dos erros dos outros dicionários, projeto de Bayle, uma vez iniciado, transforma-se rapidamente e como que naturalmente em outra prática da leitura, estruturando a própria materialidade da página em benefício do exercício crítico: "É, portanto, certo que a descoberta dos erros não é importante ou útil nem à prosperidade do Estado nem aos indivíduos. Ora, eis como mudei meu plano, para tratar de melhor cativar o gosto do público. Dividi minha obra em duas partes: uma puramente histórica, sintetizando os fatos; a outra é longo comentário, misturando provas e discussões, onde censuro vários erros, às vezes até reflexões filosóficas, enfim, variedade bastante para crer que, em um ou outro lugar, cada tipo de leitor encontrará seu interesse."[5]

Erros e heresias

Da história dos erros à partilha, desenhada no dicionário, entre a simples narrativa histórica e o desenvolvimento de prática crítica e filosófica, o texto de Bayle concentra-se sobre definição ampliada da própria noção de erro. Gostaria de mostrar, no artigo "Adão" e outros, que o *Dictionnaire* centraliza a noção plurivalente de erro transfigurado em heresia, informando todas as reflexões históricas do solitário de Roterdã. Com essa estratégia discursiva incorporando a compilação e a citação, a filologia e a crítica histórica, Bayle institui a autonomia de discurso que, ao parecer apresentar outro, se legitima para questionar a validade, assim como a inteligibilidade de certas formas de saber e práticas culturais que as sustentam. Esse método nunca é explicitado diretamente e enquanto tal, mas há exposição bastante clara e simples do elogio consagrado por Bayle a Saint-Cyran e suas polêmicas com o jesuíta Garasse:

> Quem escreveu mais vigorosamente contra esse jesuíta foi o abade de Saint-Cyran. Ele atacou o volume in-fólio de

1625 de Garasse, sob o título de *Somme théologique des vérités capitales de la religion chrétienne* [Suma teológica das verdades capitais da religião cristã]: sua crítica recebe o título de *Somme des fautes et faussetés capitales contenues en la Somme théologique du père François Garasse* [Soma dos erros e falsidades capitais contidas na Suma teológica do padre François Garasse]. Ela devia conter quatro volumes; só vi os dois primeiros e um resumo do quarto; e, se não me engano, só isso foi impresso. O primeiro tomo contém os erros de Garasse ao citar a Santa Escritura, Santo Agostinho e São Basílio de Selêucia. O segundo contém os erros sobre as citações dos outros Padres da Igreja e dos autores seculares. O terceiro devia conter os erros teológicos, filosóficos, cronológicos, cosmográficos etc. O quarto devia conter várias *heresias, enganos, impiedades, irreverências, palhaçadas e gabolices insuportáveis*... Não creio ser fácil encontrar crítica tão forte como aquela. Nela se acham exata e profunda erudição, julgamento sólido e sagacidade maravilhosa em descobrir os defeitos de um escritor. É das mais úteis leituras possíveis, sobretudo quando se tenciona erigir-se em autor de raciocínios sobre autoridades, alusões, comparações etc.[6]

Primeiro esboço do método, os textos polêmicos de Saint-Cyran estruturam, segundo Bayle, o ferramental necessário para o autor do Dicionário dos dicionários.[7]

Com efeito, a observação A do artigo "Adão" refere e acusa esse mesmo padre Garasse: "Fócio, se acreditarmos no padre Garasse, relatou que, segundo os egípcios, a Sapiência produz um ovo [*œuf*] no Paraíso terrestre, daí nossos primeiros pais serem um par de galináceos. Não penso que Fócio tenha dito isso, e, a menos que muito me engane, seria paráfrase licenciosa desse jesuíta, sobre o que Fócio relata de certo marinheiro, Oé..."[8] É crítica de Garasse, mas também, sobretudo, dos que, na comparação, juntam os relatos antigos sobre a Criação para melhor distinguir e caracterizar a narrativa bíblica. Esse primeiro uso abusivo da comparação com religiões da Antiguidade é rejeitado por Bayle.

Longa passagem de Bayle sobre Garasse, tirada do artigo sobre Bèze, demonstra os objetos da polêmica:

> Garasse ataca Bèze horrivelmente. Relatarei uma de suas calúnias. "O quarto a cometer destacada bobagem sobre sacramento foi Théodore de Bèze, pois esse homem, espirituoso bastante para elaborar epigrama lascivo, embora cometendo os erros pueris sobre a quantidade de versos latinos, jamais falava de coisas teológicas sem ser ridicularizado pelos sábios. Georges Fabritius relata, em *Responsione ad Apologiam Beziae*, que o referido heresiarca, presente no colóquio de Poissy, discursou longamente, por paráfrases, sobre as palavras da consagração, revelando tanto sua malícia quanto sua tolice. Pois, dizia, aviso-vos, senhores, que erro essencial penetrou no Novo Testamento nas palavras da consagração, pois, em vez de lermos *Hoc est corpus meum, hic est calix meus*, devemos ler com negativa: *Hoc non est corpus meum, Hic non est calix meus*, assim o pronunciou Jesus Cristo expressamente; mas que os evangelistas e São Paulo, secretários de Nosso Senhor Jesus Cristo, por infelicidade ou grande precipitação, esqueceram a negativa, como muitas outras vezes, diz, vê-se nos Pandectos de Florença, e os jurisconsultos observam que os transcritores seguramente

esqueceram, frequentemente, a negativa, fazendo assim leis opostas à intenção do fundador. Assim, dizia Bèze, os evangelistas, por terem esquecido o NÃO, causaram debates duradouros sobre uma verdade claríssima, pois que possibilidade há que o corpo de Jesus Cristo seja pequena hóstia redondinha? Eu finjo, senhores, disse ele, e digo que *Non plus est in coena, quam in coeno*: não está mais num lamaçal do que na ceia. A esses discursos os doutores, particularmente Claude d'Espenses e Claude de Saintes, se abismaram ao ver a impudência e a solidez da personagem: e, ao modo de Claude de Saintes, para confundi-lo, evocou a confissão de Augsburgo, dos calvinistas franceses, expressando as palavras: *Christii corpus in Eucharistia Adesse*. Bèze respondeu que isso devia ser corrigido, existindo o mesmo erro nos evangelistas, e que, mudando-se uma letra, se leria *Abesse*, ausentando-se o corpo de Jesus Cristo da Eucaristia" [F. Garasse, *La Doctrine curieuse...*, op. cit., pp. 283-4]. Veremos como esse discurso absurdo do padre Garasse foi refutado por um homem da mesma confissão.[9]

Na apresentação de Bayle, a filologia de Garasse, reduzida aqui a simples e ingênuo trocadilho, revela toda a sua importância para os debates teológicos.

Voltando ao artigo "Adão", ele se divide, em sua parte por assim dizer histórica, em duas seções: a primeira conta e resume fielmente o Gênesis, distinguindo-se por sua certeza, e a segunda se caracteriza, sobretudo, por sua falsidade ou incerteza. Nas observações, núcleo de seu pensamento e erudição, Bayle apoia-se principalmente nas narrativas e interpretações incertas no que se refere à figura adâmica. As observações principais do artigo, enfim, seguem quatro pistas, que, cada uma a seu modo, ilustram ao longo da análise do problema um dos componentes da matriz metodológica de Bayle.

A primeira levanta as dificuldades teológicas e doutrinais colocadas pela leitura do Antigo Testamento, não se limitando, literalmente, ao texto, buscando, em sua preocupação de elucidar as Escrituras, explicações narrativas coerentes com o mistério divino. Assim, Eugubin, para bem explicar a materialidade do ato criador original, permite-se contar história fabulosa e, segundo Bayle, herética: "Considerou-se que Deus, querendo criar o homem, revestiu-se com corpo humano perfeitamente belo, formando o corpo de Adão por esse modelo. Com isso, Deus pôde dizer, sobre o corpo, ter feito o homem à Sua imagem. Acrescenta-se que essa aparição de Deus sob a forma humana antecedeu a encarnação: ou seja, a segunda pessoa da Trindade revestiu-se com aparência da mesma natureza que um dia assumiria, até a carne e os ossos."[10] Em face do desenvolvimento narrativo – produto, segundo Bayle, de desejo de embelezamento impelido pelas "alegrias da retórica e da poética"[11] –, vê-se a necessidade de limitar-se, na leitura e na interpretação da Bíblia, aos próprios textos. A busca de coerência narrativa conduz diretamente ao questionamento da validade de discurso visionário e sua capacidade de explicar e elucidar o texto básico. Assim, essa passagem sobre a beleza de Adão veicula uma primeira crítica sobre componente importante do discurso visionário da época. Bayle associa, em suas observações, discurso visionário popular (como o de Antoinette Bourignon, por exemplo) e discurso teológico, quando os dois se encontram e se confundem pela crueza de suas explicitações dos textos bíblicos. Assim, "a confusão das línguas deve ser o destino dos empreendimentos temerários; que atrevimento querer penetrar além do dilúvio, até a origem primeira das coisas, sem a ajuda do único historiador que restou. Mesmo construindo a torre de Babel, não se encontrariam, de tão longe, os nomes das filhas de Adão. Quanto a isso e a vários outros pontos, seria preciso ater-se ao texto de Moisés. Desnecessário procurar aquilo que se podia aprender com os escritores inspirados. Só eles sabiam das coisas, o resto eram contos."[12] O respeito pela autoridade bíblica exige o abandono de qualquer discurso complementar. Esse primeiro gesto privilegiando o literal prepara, como se verá, o radicalismo da posição de Bayle no que diz respeito à Bíblia e à sua função de garantidora de inteligibilidade e legitimidade.

Outra observação do artigo "Adão", sobre a ciência do primeiro homem, contesta todas as interpretações supondo que o pai da humanidade possuía todos os conhecimentos e saberes desde a criação. Essa questão é importante, tendo ocupado pensadores contemporâneos de Pascal e Leibniz, mas que, no texto de Bayle, é parcialmente relacionada à função do primeiro poder dado a Adão por Deus: "Não me admiro nem um pouco que o sr. Moréri atribua a nosso primeiro pai haver imposto os nomes das plantas: nada me espanta, ainda que a Escritura só o torne autor dos nomes dos bichos. Quem infere dessa imposição de nomes que Adão era grande filósofo não raciocina suficientemente bem para merecer refutação."[13] Porque se pretende fiel ao texto bíblico, Bayle se diferencia de Leibniz e de Arnaud, os quais, cada um à sua maneira, viam em Adão o protótipo e o paradigma da humanidade e de todos os saberes potenciais. Seu discurso crítico, radicalmente histórico e, consequentemente, no contexto, cético, separando os textos de suas interpretações, abre particular caminho, permitindo-lhe explorar os erros alheios, apresentando seu próprio pensamento, sempre polêmico, no âmbito de prática unindo dúvida e erudição.[14] Por outro lado, o retorno constante ao texto bíblico primitivo, como se verá, prepara crítica radical de qualquer raciocínio teológico fundado na historicidade do que se poderia chamar "filologia do cristianismo", derivada dos escritos dos primeiros Padres. Antes de expor e de analisar esse extremismo característico do método de Bayle, porém, vejamos o que decorre da mais longa observação do artigo "Adão", tratando de todas as questões referentes à sexualidade de Adão.

Ela começa a partir de discussão sobre as visões de Antoinette Bourignon e sobre a história antiga, com exposição da doutrina platônica do amor e usos antigos e modernos dessa doutrina. Desse texto capital, analisarei apenas dois elementos. O primeiro, remetendo ao artigo "Eva", analisa a sexualidade e suas falsas interpretações pelo viés de discussão dos *Dialogues d'amour*, de Leão Hebreu. Leão explica a Queda associando a serpente do Gênesis ao apetite carnal, ao desejo sexual de Eva. Para Bayle, essa leitura alegórica é duplamente falsa: "Podem-se censurar duas coisas nessa doutrina de Leão Hebreu. A primeira é que ele diz claramente que o primeiro pecado de Eva foi um ato de incontinência; resultado: o fruto que ela fez seu marido comer não era outra coisa senão ele saciar-se com ela."[15] Para essa primeira censura, o erro consiste em deslocar a cronologia do relato da Criação, sacrificando a autoridade da Bíblia à dinâmica de uma leitura alegórica fundada sobre a teoria do amor. Aqui Bayle contesta a legitimidade de toda interpretação escolhendo radicar seus desenvolvimentos nos *a priori* de seus pressupostos. O método crítico, referindo sempre os erros e desvios das teorias nos textos apresentados, reencontra, para revelar a verdade de seus discursos, as distâncias entre texto e interpretação, história e filologia, e o perigo de misturar doutrinas herdadas da Antiguidade com a leitura da Bíblia. A crítica de Bayle tem outro aspecto importante: ela mostra os enganos e perigos inerentes ao poder de toda teoria filosófica aplicada a uma narrativa apoiada nos relatos fundadores, como o Gênesis.

A segunda dimensão da censura de Bayle se dirige ao abalo que tal relato produz na lógica dos textos bíblicos. Assim, as explicações de Leão Hebreu implicam qualificação errônea da atitude de Deus na lógica da narrativa da Criação: "Em segundo lugar, esse autor atribui a Deus conduta indigna da soberana perfeição. Ele supõe que a junção dos dois sexos no primeiro homem era estado de imortalidade e de vida intelectual excluindo a infeliz capacidade de pecar, e que Deus, contudo, logo derrubou aquele estado para remediar dois inconvenientes: é que o homem negligenciaria demais seu corpo e se absteria dos atos carnais produzindo as gerações."[16] Nessa perspectiva, o erro interpretativo de Leão decorre de seu platonismo, do idealismo extremo animando e necessitando de intervenção motivada e inaceitável de Deus nos assuntos do primeiro casal. Bayle localiza a maioria dos desvios das leituras alegóricas do Gênesis entre o platonismo e o narrativo, a exemplo desses poucos detalhes sobre a relação entre Eva e a linguagem no Paraíso antes da Queda. A serpente falou realmente a Eva e, se de fato falou, em qual língua? Uns dizem que se comunicou por sinais ou assobios, fazendo-se entender graças à simpatia de Eva. Outros insistem que ela efetivamente falou, mas que Eva esqueceu a proibição de Deus de comer do fruto. Segundo Bayle, todas essas discussões, mesmo nos textos de Ambrósio ou Calvino, são fúteis, resultando da incapacidade dos leitores de aceitar integral e literalmente a Bíblia. Com efeito, para Bayle, essas leituras, ocupadas demais em completar a narrativa do Gênesis para daí produzir versão mais coerente e detalhada, derivam da pesquisa alquímica: "Destiladores das santas letras, vós seríeis menos reprováveis se abusásseis de vossas possibilidades nas destilações alquímicas para investigar o fantasma da pedra filosofal."[17] O escrito crítico e histórico é, portanto, inicialmente narrativo, ora cronológico, ora temático, sobre a sucessão das recepções dos grandes textos fundadores, e uma história intelectual das modalidades de sua formação.

O segundo elemento dessa observação é uma defesa do método de Bayle, inserida em 1702 na segunda edição do *Dictionnaire*. "Essas duas reflexões, suficientes na primeira edição desta obra, são insuficientes na segunda, pois apareceram pessoas tão ranzinzas que acreditaram que meu artigo sobre Adão continha obscenidades insuportáveis. É necessário lhes responder que eles posam demais como os delicados e os escrupulosos, ignorando os direitos da história."[18] Os direitos da história a que se refere Bayle nos levarão a discutir sua própria concepção da história, a maneira como ele a escreve, suas práticas discursivas na matéria. O exemplo de Bayle para ilustrá-los – e não se trata de um exemplo qualquer, mas de referência inevitável – remete diretamente aos textos dos primeiros Padres sobre heresias: "Aqueles que fazem da história seitas cujos dogmas e ações tenham sido impuros têm a mesma necessidade. Os maiores escrúpulos de estilo jamais impedirão que eles apresentem imagens sujas e obscenas a seus leitores. O que me justifica aqui, em particular, é que eu relato absurdos contidos em livro vendido livremente. Ademais, sigo o exemplo dos antigos Padres, que inseriram em suas obras as mais pavorosas impurezas dos hereges."[19] O modelo referido por Bayle é o dos heresiólogos; contudo, são esses mesmos autores que ele criticará em seus dois artigos sobre as grandes heresias dos primeiros séculos do cristianismo, e é no âmbito desses artigos que ele mais explicita seu método e sua concepção de história. Entre sua história crítica de Adão e Eva e suas reflexões sobre o maniqueísmo e os paulinos existe um laço sutil e essencial, que, sub-repticiamente, modifica e clarifica suas posições, tanto sobre as relações entre o narrativo e o histórico quanto sobre as relações entre a sobrevivência das crenças e os relatos fundadores da cultura teológica de sua época.

Na última edição do *Dictionnaire*, incluindo textos que o autor legara como Suplemento, os dois artigos de Bayle são acompanhados de um longo comentário polêmico, acrescentado em posfácio ao último volume, intitulado "Éclaircissement sur les manichéens". Mas por que privilegiar o maniqueísmo? Parece-me que, no contexto do *Dictionnaire*, e dos elementos já assinalados sobre o artigo "Adão", o maniqueísmo enseja Bayle a desenvolver teoria complexa sobre a necessidade histórica, dogmática e política de separar e distinguir as práticas de crença do suporte narrativo histórico que os transmite.[20] Em outras palavras, os maniqueístas, que representam a heresia mais célebre e talvez mais perigosa sob todas as suas manifestações históricas (bogomilistas, cátaros etc.), ilustram na história a viabilidade de outra apropriação e de outra interpretação do relato bíblico da Criação, e as modalidades da institucionalização de tal interpretação. Por essa perspectiva, o livro mais importante é certamente o que Bossuet publicou, em 1688, no contexto de suas discussões com Claude e outros protestantes. A *Histoire des variations des Églises protestantes* apresenta-se como história dos erros, definidos como variações nas questões doutrinárias.[21] A fixidez marca e caracteriza a Igreja Católica, enquanto as variações, sinais de heresia e distanciamento da Tradição definem os protestantes. Esse uso da história, em argumentação inteiramente fundada sobre a supremacia determinante da Tradição, suscitou longo debate sobre a historicidade do que se chamava "Tradição", e os textos de Bayle referentes às variações heréticas maniqueístas e paulinas rebatem eficaz e eloquentemente a argumentação de Bossuet.[22] O segundo tipo de textos explorado pelos artigos de Bayle poderia ser classificado na história erudita, a exemplo das *Mémoires pour servir à l'histoire ecclésiastique des six premiers siècles* (1693), de Sébastien le Nain de Tillemont, contendo toda uma documentação permitindo identificar as seitas e controvérsias, ordenando a cronologia dos primeiros séculos do cristianismo.[23] De fato, Bayle remete, contra as posições de Bossuet, a uma parte da documentação de Tillemont, demonstrando assim a futilidade e a fragilidade da noção de "Tradição", central no texto do bispo de Meaux. Em outro contexto, o padre Garasse, em sua *Somme théologique des vérités de la religion chrétienne* (1625), qualifica de maniqueístas os protestantes e os libertinos eruditos antecessores de Bayle, a exemplo de La Mothe Le Vayer e Gabriel Naudé.[24] Esse uso do adjetivo "maniqueísta" é encontrado também em Bossuet, nos textos da *Querelle du pur amour*, designando, dessa vez, os místicos e os quietistas.[25] Essas poucas indicações bastam para mostrar a densidade e a riqueza do campo semântico da palavra "maniqueísta" na linguagem religiosa do século XVII.

Bayle escolhe, no começo do artigo, chamar os maniqueístas de hereges. Essa escolha, evidente e quase necessária, é também estratégica, pois lhe permitirá analisar a história da seita como a de uma heresia, ou seja, história em grande parte redigida por seus inimigos. Essa primeira aparição da discussão se afasta do que Bayle dissera nas últimas linhas de seu texto sobre Adão, defendendo-se de seus críticos. Aqui, enfatiza-se a violência contra os maniqueístas, reduzindo toda a autoridade da Tradição: "Decidiu-se exterminar todos os livros maniqueístas: isso pode ter tido suas utilidades, mas gera pequeno inconveniente: não conhecemos ao certo sua doutrina, pois não podemos consultar as obras de seus autores mais eruditos. Pelos fragmentos de seu sistema encontrado nos Padres, parece não ter sido seita feliz em hipóteses, quando se tratava do detalhe.[26]" A crítica que, no artigo sobre Adão, demonstrara a necessidade de respeitar o texto bíblico tal como escrito, lamentando a ausência de documentos maniqueístas autênticos, qualifica a literatura heresiológica de incompetente para representar por si a seita que ela combate. Mais importante ainda: a destruição dos livros maniqueístas impossibilita a reconstrução historicamente fiel da doutrina segundo os próprios maniqueístas. Tal lacuna histórica interdita qualquer julgamento final sobre a seita, transformando a literatura dos heresiólogos objeto preferencial da crítica histórica. Com esse gesto, Bayle desloca a busca: não é mais investigação sobre a heresia, mas sobre a validade histórica dos primeiros textos fundadores da Tradição. Assim, enquanto aparentemente permanece no âmbito de discussão a ordem filológica e histórica, Bayle rediscute o pressuposto inicial de um Bossuet, que centrava toda a sua argumentação na fixidez e na continuidade histórica da doutrina histórica da Igreja. Tal contestação da fixidez da Tradição, no entanto, segundo os teólogos católicos da época, é só a primeira etapa de crítica mais radical à teologia, considerada na ordem de seu desenvolvimento histórico e submissa às exigências da erudição filosófica. A crítica histórica e filosófica da teologia parte da separação que introduz entre a história da teologia e variantes, por um lado, e a fé, por outro – a distinção entre práticas históricas confinadas no passado e práticas discursivas dependentes de texto fundador, a oposição entre ciência e fé: "Pois eis em que diferem a fé de um cristão e a ciência do filósofo: tal fé produz certeza acabada, mas seu objeto nunca é evidenciado; a ciência, ao contrário, produz conjuntamente a evidência do objeto e a plena certeza da persuasão."[27] A comparação, aqui, implica diferença radical e denomina duas ordens distintas: por um lado, a fé e sua certeza, uma certeza que contém e assume a identidade de objeto transcendente sem nenhuma necessidade da coerência narrativa; por outro lado, a evidência do objeto, submisso às imposições discursivas da persuasão. O cristianismo, pensado historicamente, pode ser descrito em suas evoluções sociais, jamais sendo captado, em sua totalidade e plenitude, o objeto último da experiência do crente, já que o objeto se situa, por princípio, além deste mundo. A fé, pela perspectiva defendida estrategicamente por Bayle, combina melhor com uma antropologia do que com uma filosofia, que deve submeter-se ao duplo jogo da evidência e da retórica. Nesse contexto, o que Bayle chama filosofia ou ciência do filósofo é a aproximação da certeza no conhecimento histórico e especulativo dos objetos, assim como os discursos que essa aproximação possibilita. Com efeito, o sistema maniqueísta é apresentado no *Dictionnaire* como prática filosófica e histórica, que, desconsiderada a fé cristã, é difícil, para não dizer impossível, de refutar: "Ela [a seita maniqueísta] ensinava, contudo, as coisas do mundo que deviam horrorizar mais. Sua fraqueza não consistia, como inicialmente parece, no dogma dos dois princípios, um bom e o outro mau, mas nas explicações particulares que fornecia e nas consequências práticas decorrentes. Deve-se admitir que esse dogma, bem anterior a Manès [Mani], e insustentável quando se admite a Sagrada Escritura, total ou parcialmente, seria bastante difícil de refutar, sustentado por filósofos pagãos aguerridos."[28] Essa observação de Bayle — fonte de todas as polêmicas contra seus artigos sobre os maniqueístas, os paulinos, Adão, Eva e outros temas ou personagens bíblicos — explicita os pressupostos do projeto das últimas versões do *Dictionnaire* e prepara o trabalho discursivo que se esforçará por atenuar a densidade e a primazia das explicações e argumentações teológicas nos debates filológicos e históricos. Bayle afasta rapidamente o dualismo, no entanto já célebre, do discurso do sistema de Mani, concentrando suas reflexões e análises nos desenvolvimentos socioantropológicos do maniqueísmo, discutindo as práticas codificadas dos Eleitos e dos Iniciados. Esse aspecto sociológico, detalhado nas observações acompanhando o artigo, contribui para a historicização do maniqueísmo, para sua apresentação como prática de fé e de crença historicamente paralela ao cristianismo, tornando necessário comparar ambos os sistemas, não tanto na qualidade de teologias, mas na de práticas sociais. Em outras palavras, não se pode mais pensar o maniqueísmo como heresia do cristianismo: tal referencial falsearia qualquer discussão ulterior ao aceitar e adotar a perspectiva do cristianismo e de seus Padres fundadores. Bayle explora os textos de Agostinho, antigo maniqueísta, rejeitando a maior parte das acusações da maioria dos outros Padres da Igreja.

O maniqueísmo opõe-se estritamente à Bíblia, mas se torna terrível quando usado pelos peritos filósofos pagãos. A filosofia antiga, apresentada por Bayle como modo de vida e, sobretudo, como maneira de fazer a verdade surgir pela argumentação e pela retórica, é "o outro" absoluto da fé e da teologia cristã.[29] Essa caracterização é crucial para Bayle, pois distingue duas práticas discursivas, duas ordens opostas: a teologia, discurso fundado sobre a autoridade da Tradição, mas que para Bayle é, acima de tudo, discurso de exclusão e de excomunhão, uma prática da violência; e a filosofia, que se define por troca livre de ideias e pela busca da persuasão. Por um lado, um discurso, mas sobretudo uma autoridade política; por outro, discursos e práticas. Entre ambos, o maniqueísmo surge no *Dictionnaire* de Bayle, possibilitando o questionamento do Deus da Bíblia e seus usos antigos e modernos. Assim, o autor, que queria reunir os erros dos dicionários, resigna-se agora a escrever a história filosófica das práticas nascidas das heresias, isto é, erros de fé. Contudo, no âmbito de investigação crítica sobre parte da história social da teologia, os erros são substituídos por massacres, e as dificuldades retóricas terminam em injustiças: "Os estudiosos, ficando em seus gabinetes, são os que mais se instruem sobre os dois artigos, porque, ao lerem a história, revisam todos os séculos e países. A história propriamente não passa de coletânea de crimes e infortúnios humanos."[30] O método crítico e histórico de Bayle, originalmente simples levantamento dos erros e omissões nos livros eruditos, celebra a erudição histórica como arma que denuncia os crimes da humanidade e que escreve sua história.[31]

No texto de Bayle, o radicalismo da perspectiva maniqueísta sobre a narrativa da Criação e da autoridade da Bíblia demonstra os efeitos negativos da razão e revela as contingências impostas ao progresso, na história, pela tendência construtivista da racionalidade. Assim, "a razão humana é fraca demais para isso; é um princípio de destruição, e não de edificação: só serve para suscitar dúvidas, eternizando disputa por todo lado, e não creio me enganar se afirmo da revelação natural, ou seja, das luzes da razão, o que os teólogos dizem da economia mosaica. Eles dizem que ela só servia para mostrar ao homem sua impotência e a necessidade de uma redenção e de uma lei misericordiosa. Ela era um pedagogo levando-nos a Jesus Cristo. Digamos o mesmo sobre a razão: ela só serve para conscientizar o homem de suas trevas e impotência, e da necessidade de outra revelação. É a da Escritura".[32] A razão, ferramenta e inimigo do cético, é simples instrumento destrutivo, só aceitando estruturas inacabadas e incompletas. A finalidade da revelação natural, sua realização na história humana, deve optar entre outra revelação (por exemplo, a exposta pelos maniqueístas) e o jogo infinito das práticas discursivas e retóricas. As duas revelações, encontrando-se, foram expostas no artigo "Adão" com sua descrição das derivas ocasionadas pelas interpretações fantasistas do relato da Criação. Historicamente, em vez do dualismo gnóstico e da simples luta entre o bem e o mal, encontra-se no maniqueísmo um dualismo de revelações; consequentemente, o maniqueísmo, gêmeo do cristianismo, permite a Bayle, por esse contágio e transferência, questionar a fixidez da Tradição e suas evidências. Esse dualismo de revelações desestabiliza toda a economia das explicações teológicas: "Quem não admirará e quem não deplorará o destino de nossa razão? É o caso dos maniqueístas, explicando, com hipótese totalmente absurda e contraditória, as experiências, cem vezes melhor do que os ortodoxos, pela suposição tão justa, tão necessária, tão unicamente verdadeira de um primeiro princípio infinitamente bom e poderoso."[33]

A história da teologia cristã não passa de história de um erro ou de uma sequência de erros, e o maniqueísta, herege, é mais fiel a essas "experiências" e as explica melhor do que o ortodoxo. O maniqueísmo, porque se constitui pela e na história do Ocidente, em virtude da Tradição e dos Padres, como heresia, contém, em sua história, a verdadeira história da Tradição. Só um erro pode nos conduzir à verdadeira história. O retorno dos maniqueístas como grande heresia, no discurso crítico de Bayle, redefine o conflito entre católicos e protestantes ao situá-lo no âmbito de conflito originário, presente em toda a história do cristianismo, explicando ao mesmo tempo a violência do partido ortodoxo. É como se o maniqueísmo, em sua história, se tornasse em parte alegoria viva das Igrejas reformadas;[34] e o maniqueísmo só deixa ao ortodoxo uma escolha: "O dogma que os maniqueístas atacam deve ser considerado pelos ortodoxos verdade factual, revelada claramente; afinal, seria preciso concordar, desde o começo, que as causas não são compreendidas, nem as razões, e parar aí, considerando vãos ataques as objeções dos filósofos, a eles contrapondo apenas o silêncio, com o escudo da fé."[35]

A posição de Bayle é clara: ou a teologia aceita seus limites e limitações, ou então deve submeter-se à filosofia, à filologia e à comparação. No "Éclaircissement sur les manichéens", ele escreverá, de fato, uma história crítica dos erros teológicos e doutrinários do século XVII repetindo e recontando a história dos debates e polêmicas sobre a presença real, a graça etc. Essa história contemporânea é escrita separando-se as duas ordens e as duas revelações: "O que se deve concluir disso tudo é que os mistérios do Evangelho, sendo sobrenaturais, não podem e não devem ser submetidos às regras da visão natural. Não são fatos, para estarem imunes às disputas filosóficas."[36] Essa história polêmica reexamina a tradição e os primeiros Padres da Igreja para confirmar a separação necessária, pelo ângulo do método crítico e histórico, entre a filosofia e a fé, entre as disciplinas históricas e a teologia:[37] "Os antigos Padres se orientaram pelo mesmo espírito, exigindo pronta submissão à autoridade de Deus, encarando as disputas dos filósofos como um dos maiores obstáculos à verdadeira fé."[38] A submissão à autoridade do Evangelho e a volta à simplicidade dos primeiros Padres implicam também, e sobretudo, o abandono da herança escolástica e seu vocabulário, dominante na teologia:

> Vê-se aí manifestamente de que são capazes as impressões do costume e dos preconceitos. É um peso que nos arrasta aonde o interesse de nossa causa pede não irmos, pois o que se pode dizer de mais contrário aos interesses desses dogmas fundamentais da religião, ao sustentar necessitarem extremamente da doutrina dos escolásticos sobre a distinção do *ens per se*, e do *ens per accidens*, e sobre a natureza das formas constituintes das espécies de corpos? *Ens per se, ens per accidens* são frases inexplicáveis, verdadeiro jargão dos lógicos espanhóis, nada significando; e, quanto às formas substanciais, o que se diz de sua natureza, e da maneira de sua produção e destruição, é tão absurdo, tão incompreensível que pode passar por uma doutrina necessária à religião sem comprometer seriamente as verdades mais sublimes do Evangelho e sem atravancar com mistérios o

curso geral da natureza, de modo que a religião não terá mais nenhuma prerrogativa sobre a natureza.[39]

A história da teologia é a de um esquecimento da simplicidade da regra dos primeiros Padres, induzido pela história de um erro, ao tentar submeter, tanto quanto possível, uma revelação a outra, uma religião a outra.

Só resta a Bayle, para se defender das críticas e apoiar sua posição, citar uma longa passagem do *Socrate chrétien* (1652), de Guez de Balzac:

> Aqueles que traduziram de uma língua para outra, com a maior reputação, tomaram rios por montanhas, e homens por cidades. Os enganos de vossos doutores nada lhes ficam a dever. A razão humana comete, se possível, os equívocos mais estranhos, ao tratar das coisas divinas. Sendo fraca e curta, ela deveria poupar-se e medir-se: ela deveria ser mais discreta e contida. Pode existir intemperança no desejo de aprender e investigar, é um vício saber tanto. A antiga moral a condenou. Os caracteres de Teofrasto não o esquecem. E, se é verdade o que se disse outrora, QUE NÃO SE DEVE SER CURIOSO SOBRE A REPÚBLICA ALHEIA, que audácia é essa, por favor, que atentado ao cidadão daqui debaixo, a um habitante da Terra, intrometer-se tão precocemente nas coisas superiores e nos assuntos do céu?[40]

As revelações são assim ordens, mas também repúblicas, e a república das letras não deve intervir nos negócios da república divina. Essa recusa teológica não se estende a uma teologia positiva. O que se rejeita são as explicações fantasiosas, ao modo das visões tentando detalhar a Criação, como no artigo "Adão". A literalidade de Bayle, se é que existe, no exame das "máximas teológicas modernas" que é o "Éclaircissement sur les manichéens", torna-se princípio explicativo da história das controvérsias contemporâneas entre católicos e protestantes: "Visivelmente, o dogma do pecado de Adão, com o que dele depende, é, entre todos os mistérios inconcebíveis à nossa razão e inexplicáveis segundo suas máximas, o que mais necessariamente exige submissão à verdade revelada, não obstante todas as oposições da verdade filosófica. Seria desejável lembrar-se sempre desse ponto, pois as infelizes contestações sobre a graça, causadoras de tantas confusões, só aconteceram por se ter ousado tratar desse mistério enquanto coisa conciliável com nossa fraca razão. Os católicos romanos produziram aí um disparate: insultaram Calvino veementemente por ter seguido literalmente as doutrinas de São Paulo. Eles queriam explicá-las de maneira mitigada para satisfazer a razão humana."[41] O princípio que guiou Bayle em seu artigo "Adão" e em suas reflexões sobre os maniqueístas se tornou agora operador geral da explicação histórica. Os conflitos doutrinários e as guerras religiosas originam-se de duplo esforço da razão para explicar o que lhe escapa e conquistar seu espaço na concepção da humanidade. A origem, para Bayle, é definitivamente rejeitada e desconhecida, e essa distância da origem garante a validade e a necessidade da história como ciência humana, como ciência privilegiada da humanidade, como disciplina e prática. Todos os esforços filosóficos tentando abordar essa origem ou identificar-se com ela produzem erros ou extravios infelizes. Mais importante ainda: ao destacar totalmente a origem do âmbito racional da discussão filosófica e histórica, Bayle a fragiliza e a neutraliza.

Essa fragilização se evidencia nas narrativas da Criação populares no século XVII, como a *Vie d'Adam* (1630), de Gian Francesco Loredano, autor de narrativa romanceada da vida do primeiro casal no Paraíso. Desejando ardentemente a verossimilhança, o narrador introduz em cena Deus quando o primeiro casal come o fruto proibido: "Deus passeava no jardim, refrescando-se com os zéfiros mais fortes do entardecer. Essa adição da divina majestade marcava a inquietação pelo pecado humano, já que, para moderar o ardor de Sua justa cólera, Ele parecia mendigar o socorro desses ventos, sempre temperados."[42] Contar a história da Criação significa humanizar Deus pela narrativa e pelo relato, traduzindo o mistério bíblico em banalidades e lugares-comuns.[43] O romântico, nesse caso, oscila entre o cômico e o ridículo. Para Bayle, esses relatos do mistério nada mais são do que o sintoma da fragilidade da razão e de seus fracos poderes.

História crítica de Maniqueu

Isaac de Beausobre, o primeiro historiador crítico, no sentido moderno, do maniqueísmo, acusa Bayle de acriticidade em seus textos sobre os gnósticos:

> O defunto sr. Bayle nos forneceu, em seu Dicionário, um Artigo de Maniqueu e dos Maniqueístas: mas me parece que ele poderia ou omiti-lo ou compô-lo diferentemente. Ele devia tratar desse assunto no *Crítica*; reconstituir a História desse Heresiarca, seus dogmas, as Cerimônias de sua Seita e c. nos primeiros Autores que trataram disso, e usar de toda sua sagacidade para discernir o falso do verdadeiro. Não é o que anuncia ao Público o título de sua

grande Obra, e o que ele soube muito bem executar sobre outros temas? Mas é também o que ele frequentemente negligenciou e, se me atrevo a dizê-lo, intencionalmente, ao discutir várias Seitas Cristãs. Não creio que tenha sido esse seu pensamento: mas quase que se poderia dizer que ele estava bem à vontade de encontrar, no corpo dos cristãos, o Fanatismo mais intenso e as obscenidades mais loucas e mais imprudentes. Creio, portanto, que o defunto sr. Bayle nos devia ter dado uma História tão exata quanto possível do heresiarca Maniqueu, destacando-nos precisamente suas opiniões, em vez de se comprazer em impelir e ornar, da maneira como o fez, os argumentos dos Maniqueístas. Um DICIONÁRIO HISTÓRICO E CRÍTICO requeria que ele fizesse o primeiro, dispensando-o, certamente, do segundo.[44]

As motivações e os propósitos de Bayle nesse artigo talvez não tenham sido bem-compreendidos. O livro de Beausobre, obra-prima da crítica histórica, é também livro polêmico tentando responder às acusações de Bossuet em sua *Histoire des variations* contra as Igrejas protestantes.[45]

A escolha metodológica de Beausobre importa porque rejeita os historiadores modernos da heresia maniqueísta (exceto Tillemont).[46] Encontra-se em Beausobre adaptação erudita da caça aos erros teorizada por Bayle em seu *Dictionnaire*. Assim, sua crítica a Bayle ressalta a ausência de verdadeira busca histórica em benefício de argumentação epistemológica nas polêmicas sobre o problema do mal. Bayle, ao escolher sondar as dificuldades colocadas pelo maniqueísmo ao cristianismo, esquece boa parte da história da "seita" maniqueísta, perdendo-se no livre jogo filosófico. Beausobre, por outro lado, escolhe posição quase inédita na época, situando seu trabalho entre as contingências da Tradição e a excessiva liberdade do puro espírito filosófico. Entre a Antiguidade e sua herança, e modernidade encarnada por ceticismo extremado, ele busca novo caminho, em parte fundado sobre a primazia da investigação histórica, mas animada também pela preocupação em identificar e legitimar a sobrevida e a pureza de tradição secreta representada e preservada pelos maniqueístas. Daí a importância capital, para Beausobre, da oposição entre Antiguidade e Modernidade. Ela desencadeia, no núcleo do esquema clássico, intercâmbio entre, por um lado, erudição e saber, e, por outro, polêmica e saber, e até entre crença e saber. A *Histoire critique de Manichée* reencena, mas sob outro aspecto, a Disputa entre Antigos e Modernos.[47] Beausobre estabelece a origem oriental dos dogmas maniqueístas, dissociando assim a teologia maniqueísta de sua recepção ocidental, destacando os erros da Tradição e de seus herdeiros.

O texto e, sobretudo, a abordagem de Beausobre assinalam o deslocamento epistemológico. Os temas mudaram bastante desde a primeira edição do *Dictionnaire* de Bayle; agora, trata-se de responder bem e devidamente às teses de Bossuet em sua *Histoire des variations* e à sua visão da história das Igrejas protestantes. Mais ainda, trata-se de fundar e de estabelecer definitivamente a legitimidade da tradição das Igrejas protestantes associando-a com crítica histórica objetiva. Enquanto Bayle descobria, no relato bíblico da Criação, por meio das objeções maniqueístas rearticuladas, perguntas irrespondidas que, segundo a análise do solitário de Roterdã, ultrapassam os poderes da razão e de qualquer análise racional, Beausobre inaugura transformação crucial do debate sobre a seita maniqueísta, suas origens, sua história e, principalmente, a história e os efeitos da recepção de sua doutrina no Ocidente.

Para avaliar a mudança entre Bayle e Beausobre, basta reler as conclusões do artigo da *Encyclopédie* sobre o maniqueísmo:

> Bayle estruturou seu sistema sobre a origem do mal nos princípios da bondade, santidade e onipotência divina. Mallebranche prefere os da ordem, da sabedoria. Leibniz crê bastar sua razão suficiente para explicar tudo. Os Teólogos empregam os princípios da liberdade, da providência geral e da queda de Adão. Os Socinianos negam a pré-ciência divina; os Origenistas, a eternidade das penas; Spinoza só admite uma cega e fatal necessidade; os Filósofos pagãos recorreram à metempsicose. Os princípios, utilizados por Bayle, Mallebranche, Leibniz e os Teólogos, são outras verdades. É a vantagem que possuem sobre os Socinianos, Origenistas, Spinozistas e Filósofos pagãos. Nenhuma dessas verdades, porém, é fecunda o bastante para nos dar totalmente razão. Bayle não se engana ao dizer que Deus é santo, bom, todo-poderoso: ele se engana ao crer tais *dados* suficientes para torná-los sistema. O mesmo vale para as outras. O pequeno número de verdades que nossa razão pode descobrir, bem como as que nos são reveladas, pertence a sistema próprio para resolver todos os problemas possíveis, mas elas não se destinam a nos fazê-lo conhecer. Deus só afastou uma ponta do véu, escondendo esse grande mistério da origem do mal.
>
> Pode-se julgar por aí se as objeções de Bayle, quaisquer que sejam sua força e destreza, e qualquer que seja o triunfalismo com que essa gente as recobre, eram dignas de todo o terror que disseminaram nos espíritos.[48]

Com isso, Beausobre exporá opiniões e perspectivas novas, pelo menos para o Ocidente cristão, quanto a certas dificuldades adâmicas, explorando as fontes orientais, sobretudo árabes. Por exemplo, a questão da língua falada no Paraíso terrestre.

Reforma secreta

Para além de certos detalhes referentes às explicações possíveis dos enigmas e mistérios do relato da Criação, o livro de Beausobre é um manifesto cujas grandes teses serão adaptadas por Edward Gibbon em sua *História do declínio e da queda do Império romano*.[49] Gibbon manterá, no capítulo LIV, sobre a origem e a doutrina dos paulinos, a cronologia e os vínculos estabelecidos por Beausobre entre certas seitas gnósticas e a Reforma. Negligenciando as análises de Bayle sobre os paulinos, Gibbon encontrará, graças a Beausobre, a história secreta da Reforma:

> Os pagãos desapareceram; os judeus silenciavam na obscuridade; as disputas com os latinos, escassas, não passavam de hostilidades distantes [...], e as seitas do Egito e da Síria usufruíam a tolerância dos califas árabes. Pela metade do século sétimo, a tirania espiritual escolheu os paulinos por vítimas, cuja doutrina é ramo do Maniqueísmo; esgotou-se sua paciência; foram levados ao desespero e à rebelião, e, dispersados pelo Ocidente, eles aí disseminaram os germes da reforma.[50]

Evidencia-se que Gibbon não se interessa mais pelos debates agitados sobre as teses maniqueístas. Ele vê, antes, uma tradição, uma sobrevivência, uma transmissão anunciando a Reforma:

> Perseguidas pelo ferro e pelo fogo, as assembleias públicas dos paulinos e dos albigenses cessaram inteiramente, e os sobreviventes foram forçados a fugir, a esconder-se ou a cobrir-se com a máscara da fé católica. Mas o invencível espírito da seita permaneceu no Ocidente. Perpetuou-se no Estado, na Igreja e mesmo nos mosteiros uma sucessão secreta dos discípulos de São Paulo, protestando contra a tirania de Roma, regulando sua fé pela Bíblia, liberando seu símbolo de todas as visões da teologia dos gnósticos. Os esforços de Wicleff na Inglaterra, de Hus na Boêmia foram prematuros e infrutíferos, mas os nomes de Zwínglio, Lutero e Calvino são pronunciados com reconhecimento devido aos liberadores das nações.[51]

Gibbon reencontra as fontes primordiais e antigas da Reforma. O Paraíso terrestre e suas dificuldades não são mais objeto de análise crítica ou narrativa histórica. É como se o Paraíso perdesse sua inteligibilidade ou significado profundo. O que o substitui é a busca de *mensagem original*, a pesquisa de fonte primordial da verdadeira Tradição, suas origens e, sobretudo, modalidades de sua preservação e sobrevida.[52] Transmissão secreta que modela a história do Ocidente cristão. Essa generalização das teses de Beausobre é crucial, ao explicar a história e o progresso histórico segundo perspectiva teológica oculta, permitindo a introdução de esquema explicativo das mudanças do Ocidente cristão.[53] Beausobre e Gibbon não foram os únicos a identificar as modificações da Tradição na polêmica dos Padres da Igreja contra os gnósticos e, sobretudo, os maniqueístas. Richard Simon, em sua *Histoire critique des principaux commentaires du Nouveau Testament*, aproxima-se das análises de Beausobre:

> Antes de chegar a Orígenes, discípulo de Clemente, convém dizer algo aqui sobre os Gnósticos e sua maneira de interpretar os livros do Novo Testamento. Essa palavra, Gnóstico, significando sábio, foi adotada pelos membros da seita como se só eles tivessem tido o verdadeiro conhecimento do Cristianismo. Também consideravam os outros cristãos gente simples e grosseira explicando os Livros Sagrados de maneira baixa e literal. Eles formaram uma Teologia particular, a partir da Filosofia de Pitágoras e de Platão, adaptando-a com suas interpretações da Escritura. Eles afetavam nada dizerem de comum, levando-os aos sentidos sublimes e alegóricos. Mas, pretextando nada dizerem que não fosse sublime e elevado, eles próprios frequentemente não entendiam o jargão que forjaram, comumente fundado apenas em sua imaginação. Eles mais queriam parecer sábios do que o serem efetivamente, e não deixavam de assombrar, com sua grandiloquência caprichosa, os simples, que admiravam o que não entendiam.
> A melhor comparação deles que consigo fazer é com os judeus, que escreveram sobre a Cabala. É fácil mostrar a conformidade dos Judeus Cabalistas com os Gnósticos: mas basta assinalar no geral que nada se aproxima tanto da Teologia dos Gnósticos quanto o que os Cabalistas escre-

veram sobre os *Sephiroth*, ou atributos e propriedades de Deus, que eles explicam à sua maneira. São os mesmos mistérios, que ambos retiraram dos livros dos Pitagóricos e dos Platônicos.[54]

As novas pesquisas sobre a gnose maniqueísta implicam reavaliação da tradição dos Padres da Igreja, seu método e, notadamente, influências sobre a formação e a transmissão da Tradição defendida por Bossuet e pela maioria dos católicos, sua validade e continuidade. Bayle visava, em princípio, separar a verdadeira doutrina da recepção da Tradição e de suas instituições. Com Beausobre e os eruditos, a demonstração histórica revela as fragilidades dessa doutrina, ao expor as influências e variações da Tradição. Por essa brecha, os elementos da narrativa bíblica perdem importância, e o relato da Criação propicia debate sobre a formação da interpretação teológica e histórica do texto bíblico.

PARAÍSO ENTRE POLÍTICA E LIBERDADE

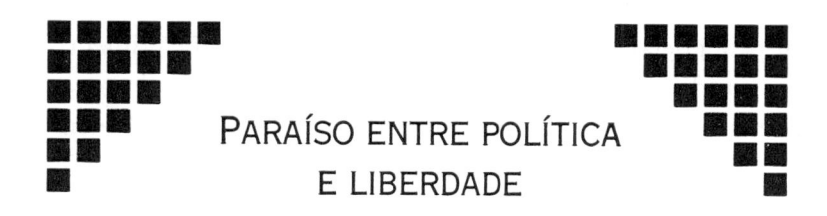

> [...] Parece que se pode caracterizar respectivamente esses dois célebres Autores dizendo que, sendo tudo verdade para um e tudo falso para outro, eles convergem pelas extremidades que os dividem lá em cima para melhor reuni-los bem embaixo [...]. Esse veneno cético infectando todos os Escritos do sr. Bayle [...]. Os erros do sr. Leibniz nos parecem partir do espírito, desejando esclarecer demais, tudo com sua razão; espírito acostumado demais a sistematizar, evaporando-se com a mesma facilidade nas matérias da fé e nas da natureza e da Física. As dúvidas do sr. Bayle parecem partir do coração, um coração esperto e crítico, amante das armadilhas, dificuldades, embaraços. Um é enganado, o outro é enganador, professando abertamente seu ofício de trapaceiro.
>
> *Journal de Trévoux*, fevereiro de 1737, pp. 201-4.

O Adão virtual ou filosofar diferentemente

Se Beausobre, como se viu, estabeleceu as origens orientais do maniqueísmo e de seu dualismo, ele não foi o primeiro a suspeitar delas ou a sugeri-las. É Leibniz quem expõe primeiro, em seu diálogo com Bayle sobre a *Teodiceia*, a possível proveniência oriental da doutrina maniqueísta. Ele o faz duplamente: de maneira um pouco rápida no prefácio, depois, no próprio texto do livro. O prefácio da *Teodiceia* formula essa intuição de Leibniz, simultaneamente etimologista, historiador, teólogo e filósofo:

> Ficção por ficção, em vez de imaginar que os planetas foram sóis, poderia pensar-se que foram massas fundidas no Sol e lançadas para fora, destruindo essa teologia hipotética. O antigo erro dos dois princípios, que os orientais distinguiam pelos nomes de Oromasdes e Arimanius, me esclareceu uma conjectura sobre a história remota dos povos, parecendo nomes de dois grandes príncipes contemporâneos: um, monarca do Extremo-Oriente, tendo existido outros com esse nome; o outro, rei dos celto-citas, irrompendo nos Estados do primeiro, conhecido, aliás, entre as divindades da Germânia. Parece, de fato, que Zoroastro utilizou os nomes desses príncipes como poderes invisíveis, suas façanhas aproximando-os, na opinião dos asiáticos. Embora pareça, aliás, pelos relatos dos autores árabes, possivelmente mais bem-informados do que os gregos sobre algumas particularidades da antiga história oriental, que esse Zaratustra, Zerduz ou Zoroastro, que eles tornam contemporâneo do grande Dario, desconsiderou esses dois princípios inteiramente primitivos e independentes, mas dependentes de princípio único supremo...[1]

Leibniz explica a história dos povos, mas também ressalta que a história e a teologia produzem ideias, crenças e instituições. Descobrirá uma origem germânica do dualismo maniqueísta descrito por Zoroastro. Curiosamente, Beausobre não menciona as observações ou etimologias de Leibniz. Gibbon tampouco.

O texto de Leibniz merece ser longamente citado:

Os antigos gregos e os orientais modernos concordam que Zoroastro chamava o bom deus de *Oromazes*, ou melhor, *Oromasdes*, e o mau de *Arimanius*. Quando considerei que grandes príncipes asiáticos se chamavam Hormisdas, e que Irmin ou Hermin fora o nome de um deus ou antigo herói dos celto-citas, quer dizer, germânicos, ocorreu-me que esse Arimanius ou Irmin poderia ter sido um grande conquistador antiquíssimo proveniente do Ocidente; do mesmo modo que Gêngis-Khan e Tamerlão, provenientes do Oriente, o foram depois. Ariman teria sido trazido do Ocidente boreal, ou seja, da Germânia e da Sarmácia, pelos alanos e masságetas, irrompendo nos Estados de um Hormisdas, grande rei asiático [...]. Parece, segundo essa mitologia, que esses dois príncipes se combateram longamente, sem vencedor. Assim, ambos permaneceram, como os dois princípios dividiram o mundo, segundo a hipótese atribuída a Zoroastro [...].

Resta provar que um antigo deus ou herói germânico tivesse sido chamado Herman, Ariman ou Irmin [...]. Tácito [...] sempre quis indicar ter havido herói chamado Hermin, a partir do qual se diz que os hermiontes foram chamados. *Hermiones, hermenner, hermunduri* são a mesma coisa, significando soldados. Ainda dentro da baixa história,

Arimanni era *viri militares*, e há *feudum Arimandae* no direito lombardo. Mostrei alhures que aparentemente o nome de parte da Germânia foi dado ao todo, e que a partir desses *hermiones* ou *hermunduri* todos os povos teutônicos foram chamados hermani ou germani [...]. E, embora Tácito não tivesse conhecido bem a origem do nome dos germânicos, ele disse algo favorável a minha opinião ao assinalar que era nome que aterrorizava, adotado ou dado *ob metum*. É que ele significa um guerreiro: *Heer, Hari*, é exército, originando *Hariban* ou *clamor de haro*, ou seja, ordem geral de se apresentar ao exército, corrompida, em francês, para *arrière-ban* [convocação geral pelo rei ou pelo suserano]. Assim, Hariman ou Ariman, German, Guerreman, é um soldado.[2]

O exercício etimológico-histórico esvazia todo o conteúdo cosmológico e teológico do dualismo persa. Leibniz só vê aí mitologia de bases históricas, distantes, por certo, mas humanas. O dualismo oriental reduz a anedota histórica contando à sua maneira um conflito militar e político, simplesmente generalizando situação puramente local. Assim, o argumento etimológico-histórico, construído, como a *Teodiceia*, sobre cálculo das possibilidades e probabilidades, refuta indiretamente os fundamentos das teses de Bayle e de todos os que encararam seriamente o problema do mal como formulado por Mani e seus sucessores.

Resta, claro, o que convém chamar aspecto germânico da demonstração de Leibniz. Surpreende sua insistência nessa dimensão de sua "solução" etimológica. Deixo ao leitor as divagações sobre as origens teutônicas do dualismo maniqueísta...

Para além das explicações históricas e etimológicas, Leibniz busca justificar a Criação contra as objeções maniqueístas formuladas por Bayle. O diálogo entre ambos, na *Teodiceia* pelo menos, contrapõe o maniqueísmo ao defensor da "causa de Deus". Eis o argumento de Bayle, *grosso modo*, resumido por Leibniz:

– A Luz natural e a revelação nos ensinam claramente haver um princípio para todas as coisas, e que esse Princípio é infinitamente Perfeito.
– A maneira de harmonizar o mal moral, o mal físico do homem com todos os atributos desse Único Princípio infinitamente perfeito, ultrapassa as luzes filosóficas, e assim as objeções maniqueístas deixam dificuldades insolúveis pela razão humana.
– Não obstante, é necessário crer firmemente no que a Luz natural e a revelação nos ensinam sobre a unidade e a infinita perfeição de Deus, do mesmo modo que acreditamos, pela fé e pela nossa submissão à autoridade divina, no mistério da Trindade, no da Encarnação...³

Para Leibniz, as teses de Bayle limitam o poder e a liberdade de Deus na Criação. Ademais, definindo Deus como Trindade unindo força (*posse*), saber (*scire*) e vontade (*velle*), está convicto de que, em seu sistema, ele supera os obstáculos encontrados pelos pensadores de Port-Royal ou por filósofos a exemplo de Spinoza. Para Leibniz, a representação é a ordem do *aproximadamente*, da ordem das probabilidades, e a Criação aciona, por sua própria estrutura, sequência de eventos guiados pelas escolhas humanas, e não por decisão ou determinação divina. Procurando conciliar fé e razão, Leibniz desenvolve demonstração em parte fundada sobre concepções matemáticas da verdade, do rigor, do *optimum* e do *maximum*. Enfim, ele traduz sua concepção do cálculo probabilístico em sistema da justiça e da harmonia universais.

Bem antes da *Teodiceia*, Leibniz tentara responder a essas dificuldades maniqueístas elaborando explicação do ato criador divino, de suas modalidades e das formas de liberdade que ele introduz. Em correspondência com Arnauld, Leibniz formula, em discussão centrada na figura de Adão e em seu estatuto nos inícios e no desenrolar da história humana, os grandes temas de seu sistema e de sua resposta às dificuldades e objeções de Bayle e de seus maniqueístas. O Adão de que se trata aqui ocupa a mesma posição do Adão perfeito, o andrógino original, gerado-genitor, mas dentro de sistema completamente diverso. Longe de ser o original perdido e fragmentado, sofrendo a nostalgia de sua unicidade, no sistema de Leibniz sua origem é concebida em termos de possibilidades e escolhas. O modelo combinatório, no pensamento leibniziano, explica a liberdade humana e divina, simultaneamente recusando qualquer determinismo ou fatalismo; e o primeiro Adão é o modelo absoluto, o modelo por excelência, matemático por encarnar a escolha primeira.

Compreendem-se a surpresa e o choque de Arnauld ao ler o texto de Leibniz. Arnauld percebe imediatamente que a liberdade, segundo Leibniz, é o início da separação Criador-criatura (diríamos autonomia), significando o abandono do privilégio da interpretação teológica. Aqui, Arnauld concorda com Fénelon, e a sombra de Agostinho continua presente: "Difícil crer que seja realmente filosofar o procurar, na maneira como Deus conhece as coisas, o que devemos pensar, ou noções específicas ou individuais."[4] Leibniz se defende explicando a diferença entre necessidade absoluta e necessidade hipotética (*necessitatem ex hypothesi*), distinção central na argumentação da *Teodiceia*, mas também nas explicações leibnizianas de Adão.

A primeira objeção de Arnauld ao sistema de Leibniz levanta o problema da liberdade, a de Deus no ato criador primeiro, e do fatalismo no destino humano. Esse fatalismo compõe a noção individual de Adão segundo Leibniz, pois, para Arnauld, ela introduz estrutura em que a livre escolha inexiste. "Pois a noção individual de Adão determinou que ele terá tantos filhos, e a noção individual de cada filho o que fariam e quantos filhos teriam: e assim por diante. Inexiste, portanto, liberdade para Deus nisso tudo, supondo-se que quisesse criar Adão; nem supor que a Deus fosse facultado não criar natureza capaz de pensar se não quisesse."[5] Assim, Leibniz é obrigado a reapresentar seu sistema expondo os conceitos básicos, distinguindo-o das explicações teológicas convencionais do problema. Seu primeiro argumento ressalta a importância capital da distinção entre as formas diferentes de necessidade, uma concepção absolutista e uma concepção hipotética ou virtual de necessidade:

> Essas últimas palavras [de Arnauld] devem conter propriamente a prova da consequência, mas ela obviamente confunde *necessitatem ex hypothesi* com necessidade absoluta. Sempre se distinguiu entre Deus ser livre para fazer absolutamente e forçado a fazer em virtude de certas resoluções já tomadas, e Ele só decide o que envolve tudo. É indigno de Deus concebê-Lo (pretextando manter Sua liberdade) à maneira de alguns socinianos: decidindo segundo as ocorrências e sem liberdade para criar o que acha certo [...]. Portanto, por exatidão, é necessário admitir em Deus certa vontade mais geral, abrangente, sobre a ordem universal,

pois o universo é como um todo que Deus penetra por um único olhar. Essa vontade compreende virtualmente as outras, com relação ao que entra nesse universo, incluindo a de criar tal Adão, que se relaciona com sua posteridade, que Deus escolheu assim...[6]

Uma consequência essencial dessa distinção e da maneira como informa o ato da criação do homem é a natureza das relações que implica entre Adão, o primeiro homem, e seus herdeiros, e a virtualização da vontade divina na posteridade humana. Já se esboça a solução leibniziana para o problema da graça e da eleição, solução que, como se verá, se delimita nitidamente das teses agostinianas e de sua formulação contemporânea. "E pode-se mesmo dizer que essas vontades em particular só diferem da vontade em geral por simples relação, aproximadamente como a situação de cidade vista de certa perspectiva diferindo de seu plano geométrico, pois elas exprimem todas o universo, como cada situação exprime a cidade."[7] A virtualização permite a superação das dificuldades percebidas pela concepção absolutista da manifestação da vontade divina no ato da Criação. Para ilustrar essa virtualização, Leibniz exemplifica a situação de uma cidade, repetindo, mas com variáveis novas, Descartes e Pascal. Aqui, é necessário esmiuçar os vínculos e as relações entre a representação e seu objeto, mas a representação corresponde ao plano geométrico da cidade. Em vez de primeiro situar o Paraíso terrestre e Adão, Leibniz situa a cidade, ou seja, o local de ação do homem. A imagem da cidade, sua percepção dependem da natureza da representação e das relações entre as representações e a cidade. O Adão criado por Deus assemelha-se a uma cidade por exibir escolha múltipla e voluntária, uma escolha livre numa situação em que a multiplicidade existe sempre. Assim, Deus joga dados, mas o acaso é determinado por Sua vontade primordial e realizado historicamente pela atualização da diferença resultante de Sua escolha e pela distinção que introduz no campo das possibilidades infinitas. O laço determinante para Leibniz reside na cadeia estrutural das vontades manifestadas desde a criação de Adão até o exercício das vontades humanas na história. Adão, em vez de ser a primeira criatura vítima de perda ou queda, é antes a representação perfeita dessas possibilidades, concepção que privilegia a liberdade do ato humano, destacando o destino da humanidade das vontades divinas particulares:

> Pois, pela noção individual de Adão, entendo, claro, representação perfeita de tal Adão, que possui tais condições individuais e por elas se distingue de muitos outros, semelhantes, porém diferentes dele (como toda elipse difere do círculo, por mais que dele se aproxime); Deus o preferiu porque Lhe agradou escolher justamente tal ordem de universo, e tudo o que se segue de Sua resolução só é necessário hipoteticamente, não destruindo a liberdade divina nem a dos espíritos criados. Há um Adão possível, cuja posteridade é tal, e infinitos outros, dos quais ela seria outra; não é verdade que os Adãos possíveis (se assim os podemos chamar) diferem entre si, e que Deus só escolheu um, justamente o nosso?[8]

Adão, assim caracterizado, torna-se o *locus* absoluto de todos os eventos históricos. Ademais, ele ocasiona debate entre Arnauld e Leibniz sobre a natureza da subjetividade, sobre o eu.

"Parece-me", escreve Arnauld, "que só devo enxergar como encerrado na noção individual do *eu* aquilo que é tal que eu não seria mais *eu* se não estivesse em *mim*, e que tudo o que é tal, ao contrário, que poderia estar em *mim*, ou não estar em *mim*, sem que eu cessasse de ser *eu*, não pode ser considerado encerrado em minha noção individual, embora, pela ordem da Providência divina..."[9] Arnauld centra sua análise do que ele compreende do sistema de Leibniz na noção do eu, na subjetividade encarnada por um eu. Leibniz responde afastando a noção do eu e escolhe evidenciar a natureza e as características do que ele chama "substâncias individuais", de toda substância individual. Em vez de totalidade, instância; em vez de unidade, possibilidade: essa substância lembra a maneira como Malebranche concebia os efeitos da Queda no corpo humano e as modalidades de sua transmissão.[10] Contudo, não se trata mais de ferida cerebral ou chaga: a substância individual de Leibniz é um receptáculo em que passado e futuro se encontram, em que o passado produz e deixa vestígios, ao passo que o futuro atrai marcas. Os vestígios mostram a história, as marcas indicam futuros possíveis. Em vez de determinismo inscrito no corpo, Leibniz propõe escolha respondendo à verdadeira natureza do indivíduo. A substância individual lhe permite superar as dificuldades de um eu ao insistir na dimensão virtual de seu sistema: "Creio que se deve filosofar diferentemente quando se trata da noção de substância individual e da noção específica da esfera. É que a noção de uma *espécie* só encerra verdades eternas ou necessárias, mas a noção de um indivíduo engloba *sub ratione possibilitatis* o factual ou o que se relaciona à existência das coisas e ao tempo, e consequentemente depende de alguns decretos livres de Deus considerados possíveis."[11]

Filosofar diferentemente significa reconhecer a especificidade da virtualidade da escolha divina. Opção entre possibilidades permitindo a história humana. Criando não o eu, mas a substância individual à imagem de sua origem, ou seja, encerrando as possibilidades características da escolha divina. Essa outra filosofia constitui a originalidade de Leibniz, embasando sua apresentação da justiça divina na *Teodiceia*. A substância individual é o modelo do universo, modelo do virtual e do que se pode realizar: "Penso que cada substância individual contém infalivelmente vestígios do que já lhe aconteceu e marcas do que lhe acontecerá para sempre [...]. Cada substância individual, penso, exprime todo o universo segundo certa perspectiva, consequentemente exprimindo os referidos milagres. Tudo isso se deve entender da ordem geral, dos desígnios divinos, da sequência deste universo..."[12] A substância individual é, em certo sentido, a história: ela comporta o que foi e o que será. Para Leibniz, "há infinidade de primeiros homens possíveis".[13] Tal possibilidade questiona, segundo ele, a validade de todas as teorias e explicações do ato da criação do homem e do problema do mal segundo os maniqueístas ou agostinianos. A teoria ou o sistema de Leibniz é totalizante, porém não absoluto: ele tenta explicar a natureza do corpo e da alma e suas relações, seguindo modelo fundado na especificidade do ato divino primeiro e do que ele possibilita. "Toda alma é como um mundo à parte, independendo de tudo, fora Deus [...], daí decorre também aquilo que constitui a relação das substâncias, particularmente a união alma-corpo [...], cada substância exprime toda a sequência segundo a visão ou relação que lhe é própria, daí elas se harmonizarem."[14] A alma é como a cidade, e o plano geométrico é a vista ou inclinação, ou mesmo, pode-se dizer, perspectiva pela qual são percebidas as relações corpo-alma. Para Leibniz, esse modelo é o virtual, que suscitará o deslocamento na polêmica com Bayle sobre as objeções maniqueístas e a natureza e a origem do mal. Parte considerável do esforço de Leibniz na *Teodiceia* consiste em reabilitar a razão, devolver-lhe seus poderes legítimos diante do pessimismo de Bayle. Pois, para Leibniz, a razão é o único instrumento, desde a Criação, capaz de demonstrar a liberdade humana e ilustrar os verdadeiros efeitos da Providência, reabilitação da razão que também defende a filosofia contra a teologia. As dificuldades adâmicas serão, assim, reformuladas segundo o novo sistema leibniziano. Daí, em parte, a crítica a Agostinho na *Teodiceia* e a insistência sobre a indiferença caracterizando a liberdade.[15] "A necessidade absoluta, também chamada lógica e metafísica, e algumas vezes geométrica, o único temor, não está nos atos livres; e assim a liberdade é isenta não só da contingência, mas ainda da verdadeira necessidade [...]. Mostraremos que o próprio Deus, embora escolha sempre o melhor, não age por necessidade absoluta, e que as leis naturais que Deus lhe prescreveu, fundadas sobre a conveniência, se equilibram melhor entre as verdades geométricas absolutamente necessárias e os decretos arbitrários, o que o sr. Bayle, entre outros novos filósofos, não compreendeu bem. Mostraremos também existir indiferença na liberdade..."[16] Essa indiferença da liberdade ensejará soluções novas para o problema do mal como colocado por Bayle, sobretudo soluções metodológicas. A nova filosofia de Leibniz exprime-se tanto pelas respostas que oferece quanto por sua maneira de colocar as perguntas. Nesse contexto, Bayle representa um caso único para Leibniz, pois incita o filósofo a definir seu método e a explicitá-lo.[17]

Para Leibniz, há problema de conciliação, ou, segundo ele mesmo, na *Teodiceia*, de harmonia. Essa harmonia não se limita a conciliar fé e razão. Trata-se antes de harmonia universal correspondendo à verdadeira natureza das coisas e às qualidades das substâncias individuais. Sustentam essa universalidade as relações complexas entre, por um lado, a necessidade de explicar a perfeição do ato divino, tanto quanto necessário para que nele se creia, e, por outro, o papel ou estatuto da razão nessa explicação. Para Bayle, a razão é simplesmente incapaz de provar os mistérios divinos, incapacidade que lhe confere papel negativo. Ademais, essa fraqueza ou incapacidade da razão enseja procedimento (para sustentar os mistérios divinos contra as objeções maniqueístas) que a torna máquina de desestruturação, instrumento de demolição de argumentos. Bayle celebra, na razão, os efeitos negativos do trabalho que ela efetua, graças ao papel decisivo do erro. Se para Bayle a razão é princípio destrutivo, para Leibniz é arma edificante e explicativa. Leibniz introduzirá uma variante epistemológica do erro praticado por Bayle em seu *Dictionnaire* e em seus textos polêmicos sobre o problema do mal, pois, para Leibniz, os mistérios da Criação não estão além ou contra a razão: eles existem para indicar, aos que sabem utilizar bem sua razão, a própria natureza do sistema universal. O problema do mal torna-se assim problema de método. Daí a primeira crítica a Bayle, sobre a própria forma de suas objeções: "Uma das coisas que mais poderiam ter contribuído para fazer o sr. Bayle crer não poderem ser satisfeitas as dificuldades da razão contra a fé é que ele parece pedir que Deus seja justificado de maneira semelhante à que ordinariamente serve para defender a causa de um acusado perante seu juiz."[18] A perspectiva (ou como diria Leibniz, "a visão") de Bayle explica muitas dificuldades suas e a impossibilidade de satisfazer a suas objeções. Perspectiva exigindo que as ações divinas sejam explicadas como humanas, como se proviessem de motivação, exprimindo desejos e vontades semelhantes aos de simples mortal. Esse antropomorfismo caracteriza bem a leitura maniqueísta do texto sagrado e sobretudo o relato da Criação, e nós o encontraremos na explicação de Nietzsche do texto do Gênesis. Mas aqui Leibniz assinala a fraqueza do método de Bayle, ao ressaltar os limites à liberdade de ação segundo tal perspectiva.[19] Pela análise de Leibniz, Bayle engana-se sobre a natureza e as consequências de sua escolha. A descrição desse erro importa porque remete também a Spinoza e a suas críticas ao Antigo Testamento: "Basta Deus ter proibido coisa nociva; não se deve imaginar, portanto, que Deus tenha simplesmente representado o legislador, outorgando lei puramente positiva, ou juiz, impondo e infligindo pena por ordem de Sua vontade, desvinculando o mal de culpa do mal de pena [...]. O sr. Bayle assim o interpreta, como se a corrupção original tivesse sido colocada na alma do primeiro homem por ordem e operação de Deus."[20] O erro maniqueísta, como o de Bayle, está em sua concepção da justiça. A justiça divina difere da humana, e representar Deus legislador equivale a reduzi-Lo a homem. O erro induzindo Bayle a limitar os poderes da razão, quando se trata de descrever e de compreender os atos divinos, deriva de ignorância ou de desconhecimento da verdadeira natureza das coisas. Daí a importância, para Leibniz, do modelo da justiça e do juiz. Parece querer distinguir entre os limites do modelo humano de justiça e a justiça divina para explicar o desenrolar da história humana, mas também para responder às análises de Spinoza no *Tratado teológico-político* sobre a representação da lei divina como local e humana. Nos dois casos, há, nas fontes das dificuldades de compreensão da natureza divina, uma ignorância, ou relação equivocada entre a revelação do divino e sua recepção pelos homens. Em ambos os casos, encontra-se também essa vontade de naturalizar o ato criador, mas em sentidos bem diferentes. Para Leibniz, "nós não conhecemos o bastante nem a natureza do fruto proibido, nem a da ação, nem seus efeitos para julgar detalhadamente o caso: contudo, deve-se fazer esta justiça a Deus: crer que ela encerrasse algo mais que os pintores nos representam".[21] O salto de fé de Leibniz consiste em ato de justiça, permitindo introduzir a base teórica de todo seu sistema de harmonia entre a fé e a razão. A presunção de justiça e liberdade de Deus é a ficção teórica possibilitando toda a construção. Ficção teórica que traduz também o desejo de ultrapassar os problemas da representação do relato da Criação. Os detalhes da primeira aventura adâmica no Paraíso terrestre nos são desconhecidos, e não devemos representá-los segundo nossa percepção humana. Ademais, não se deve impor-lhes semelhança ou familiaridade que aparentemente os torna mais compreensíveis. Por essas razões, Leibniz não hesita ante as dificuldades do problema do mal. Ao contrário, ele busca, como se acaba de ver, definir o método para resolver e responder a objeções.

O Adão primeiro, o Adão primordial não é mais vítima nem de incisão divina nem de perda de seu corpo original. Essas interpretações, esses relatos não passam de fábulas opondo-se ao verdadeiro gesto teórico, único capaz de enfrentar e de captar o que verdadeiramente aconteceu na origem. Adão não mais se destina à busca nostálgica de seu estado primeiro e de seu Paraíso terrestre perdido. O Adão virtual leibniziano é mundano. É também homem de razão, é homem de ação capaz de escolher. Seu destino lhe pertence e não tem herança ditando-lhe o futuro. É livre na indiferença decisiva do ato criador primeiro. Em outras palavras, Adão é real, não confundindo aparente e verdadeiro. A harmonia preestabelecida, central no sistema da justiça universal, só descreve a passagem do virtual ao efetivo.

"Fazer delirar os profetas"[22]

A economia da problemática leibniziana do Adão virtual produz teoria completa, que explica tanto os encadeamentos da história humana quanto as especificidades das relações corpo/alma, liberdade/vontade, ato criador divino/desenrolar histórico. Uma das vantagens dessa teoria é que ela se despreocupa da veracidade dos detalhes bíblicos, evitando, portanto, as armadilhas da literalidade e das polêmicas sobre a Tradição, suas origens e transmissão. Melhor ainda, promete ferramenta para o novo filósofo desvendar os princípios orientando a ação humana em geral. Não esquecendo a história, o novo sistema de Leibniz, saltando no virtual e usando seus poderes, resolve as dificuldades adâmicas clássicas. Spinoza, por outro lado, escolheu, no *Tratado teológico-político*, enfrentar diretamente o texto bíblico para estabelecer sua inteligibilidade, coerência, legitimidade e a verdadeira natureza de sua mensagem. O método spinoziano é conhecido: buscar a coesão interna do texto bíblico, considerando as condições materiais e históricas de sua composição e formação. Só dirigindo a atenção para as condições históricas das origens da Bíblia hebraica e da materialidade de sua transmissão se pode determinar sua mensagem autêntica. Para além das superstições e da mitologia, Spinoza naturaliza e historiciza o texto bíblico, que se torna, consequentemente, objeto de estudo como todos os outros: ele só deve recorrer à razão e à lucidez do leitor-filósofo.[23]

Não tenciono aqui expor o método spinoziano, tampouco reexaminar os debates sobre a motivação de seu procedimento.[24] Limito-me aos usos que Spinoza faz, em sua demonstração, da figura de Adão para situar sua crítica no contexto mais amplo da reinterpretação filosófica das dificuldades adâmicas. Importa notar que, em seu questionamento sobre a natureza da mensagem bíblica, Spinoza se coloca as mesmas perguntas de Agostinho.[25] Seu ponto de partida não busca o conteúdo da mensagem bíblica: ele identifica, classifica, compara e explica as formas ou meios pelos quais essa mensagem foi passada ou revelada aos hebreus. Assim, a pergunta de Agostinho (como Deus falou ao homem?), para Spinoza, torna-se: "De que maneira Deus Se revelou aos profetas?" Responder a essa pergunta exige, claro, considerar a profecia e explicar as interpretações das escolhas divinas registradas no Antigo Testamento.

A especificidade histórica da Escritura e a confusão que demonstra, segundo Spinoza, sobre a natureza divina resultam direta e imediatamente de ignorância e desconhecimento. Essa ignorância, que explica em grande parte a falsidade das profecias do Antigo Testamento, caracteriza primeiro a atitude emblemática do primeiro homem, Adão. Assim, a rejeição à profecia decorre da humanização do texto e das personagens do Antigo Testamento.

Mas o que propusemos não contém impiedade alguma, pois Salomão, Isaías, Josué etc., embora profetas, foram homens, e devemos julgar que nada de humano lhes fosse estranho. Foi ainda segundo a compreensão de Noé que lhe foi revelado que Deus destruía a humanidade, porque acreditava que o mundo era inabitado fora da Palestina. Os Profetas puderam ignorar não só tudo isso mas também outras coisas mais importantes, sem que isso prejudicasse a piedade; e de fato as ignoraram. Efetivamente, nada ensinaram de original referente aos atributos divinos, mas tiveram sobre Deus opiniões vulgares, e suas revelações se adaptam a essas opiniões, como mostrarei em numerosas passagens da Escritura.[26]

A ignorância, característica humana vulgar, adapta irremediavelmente, acomoda a revelação divina às opiniões e expectativas do homem e de seu meio. A constatação da historicidade da Escritura e das condições materiais de sua produção e formação explica e legitima, pela lógica do *Tratado*, a distinção essencial entre o universal e o local, a fé e a filosofia, a autoridade e a liberdade. O local propicia o erro porque não reconhece seus limites naturais; ele se desconhece e se identifica com o universal, declara-se universal. Constatação de historicidade, para a interpretação filosófica, é um imperativo. O erro capital do desconhecimento e da ignorância, jogando todo o Antigo Testamento na confusão e na errada interpretação da verdadeira natureza de Deus que ele celebra, caracteriza o primeiro homem na representação que ele tem de seu criador.

Adão, o primeiro a quem Deus foi revelado, ignorou que Deus era onipresente e onisciente, pois se escondeu de Deus e tentou justificar seu pecado perante Deus como se estivesse diante de um homem. Por isso, também, Deus lhe foi revelado segundo sua compreensão, na condição de alguém que não está em todo lugar, ignorando o paradeiro de Adão, assim como seu pecado. Ele ouviu, de fato, ou fingiu ouvir Deus passeando no Jardim do Éden, chamando-o e perguntando onde estava; e interrogá-lo em seguida, como ele demonstrava vergonha, para saber se tinha comido do fruto proibido. Adão só conhecia, portanto, o atributo de Deus ser o artífice de todas as coisas.[27]

Adão era incapaz de ver Deus, de ouvi-Lo e reconhecê-Lo. Ele então adaptou Sua revelação a seu saber, ou, como diria Spinoza, à sua ignorância: reduziu Deus à imagem de um homem, à própria imagem. Em sua ignorância decisiva, Adão dessacraliza Deus: ele O constrói em imagem, aproximadamente, pois é incapaz de captá-Lo ou de compreendê-Lo diferentemente. Adão e seu primeiro pecado geram o vulgar; e o vulgar se rende às superstições. A queda da humanidade é aqui simplesmente a dos hebreus na ignorância e na superstição. Assim, para Spinoza, "os israelitas quase nada souberam de Deus, embora Ele tivesse se revelado a eles".[28] A ausência ou a impossibilidade de reconhecimento da revelação divina direta no Antigo Testamento significa, para Spinoza, o erro generalizado em profecia, a lei local e cultural representada como universal. Essa mesma falta prova, para Agostinho, a necessidade da Encarnação e com ela a inevitabilidade do cristianismo. Para Spinoza, evidentemente, tal explicação é absurda.

O erro adâmico explica também a falsa interpretação dos milagres: "Tudo isso ensina claramente que a natureza conserva ordem fixa e imutável, que Deus foi o mesmo em todos os séculos conhecidos e desconhecidos, que as leis naturais são perfeitas e fecundas, nada se lhes podendo acrescentar nem retirar; enfim, que é a ignorância humana que faz dos milagres novidade."[29] A natureza ou Deus é imutável. O universal também. O local, guiado por profunda ignorância, perde a orientação da revelação e desconhece a permanência e a imutabilidade de Deus. A própria natureza é deformada e desfigurada pela intuição errônea de Adão e de seus sucessores. Para Spinoza, Adão é o único responsável por essa desnaturalização da natureza divina e da representação da figura de Deus na condição de legislador e príncipe, ou seja, fundador e garantidor de estrutura política específica:

> Assim, por exemplo, se Deus disse a Adão não querer que comesse do fruto da árvore do conhecimento do bem e do mal, seria contraditório que Adão comesse do fruto dessa árvore e seria então impossível se furtar à proibição, pois esse decreto divino deveria envolver uma necessidade e uma verdade eternas. Mas, porque a Escritura conta que Deus proibiu Adão e que mesmo assim ele comeu, deve-se necessariamente dizer que Deus se contentou em revelar a Adão o mal que necessariamente se seguiria se ele comesse do fruto daquela árvore, porém não a necessidade da consecução. Assim, Adão não percebeu essa revelação como verdade eterna e necessária, mas como lei, ou seja, regra instituída, acompanhada de prejuízo ou benefício não em razão da natureza e da necessidade da ação resultante, mas

simplesmente do prazer e do comando absoluto de algum príncipe. Por envolver Adão, e em virtude somente de sua ignorância, é que essa revelação foi uma lei, e Deus cumpriu o papel de legislador e príncipe.[30]

A lei dos herdeiros de Adão contradiz a natureza do Deus que ela adora ao reduzi-Lo a instância e a manifestação limitadas e finitas. A verdade eterna, objeto da busca filosófica, está desnaturada na realidade política pelo erro primordial de Adão. O erro de Adão é também contágio porque se reproduz nos profetas do Antigo Testamento:

> Desconhecendo a existência de Deus a título de verdade eterna, eles [os hebreus] perceberam como lei o que lhes foi revelado no Decálogo: que Deus existe e que Ele só deve ser adorado. Se Deus lhes falasse imediatamente, sem intermediários corporais, eles não teriam percebido isso como lei, mas como verdade eterna. Mas o que dizemos dos israelitas e de Adão se deve dizer igualmente de todos os Profetas que redigiram leis em nome de Deus, pois eles não perceberam adequadamente os decretos divinos como verdades eternas.[31]

O modelo adâmico confunde a necessidade eterna com o contingente e com a representação de Deus como príncipe e legislador. Spinoza explica tal contaminação pela historicidade e historicização da revelação no relato bíblico. "A fé nos relatos históricos, qualquer que seja o grau de certeza, não nos pode fazer conhecer a Deus nem, consequentemente, nos dar o amor de Deus, pois o amor divino nasce de Seu conhecimento, e o conhecimento de Deus deve extrair-se de noções comuns certas de si e comuns por si."[32] A verdadeira natureza de Deus está simplesmente ausente de qualquer relato histórico, narrativa bíblica e outros textos proféticos. Os relatos históricos, objetos nascidos do erro e veículos da propagação da ignorância e do desconhecimento, são incapazes de representar Deus, exceto na condição de legislador ou príncipe: "Em realidade, Deus age e dirige tudo, necessariamente, apenas pela necessidade de Sua natureza e perfeição de Seus decretos, e Suas volições são verdades eternas envolvendo sempre a necessidade."[33] A necessidade identificada com o divino por Spinoza é absoluta. Não é a necessidade hipotética de Leibniz e de sua harmonia universal. Spinoza contrapõe necessidade e contingência, universal e local, ao passo que Leibniz distingue necessidade de necessidade, introduzindo a escolha na necessidade hipotética característica do divino. Essa diferença entre ambos explica a oposição radical de suas perspectivas sobre o papel de Adão na orientação histórica da humanidade. Para Spinoza, a história do primeiro homem conta e resume a da autoridade política e da ignorância humana fundamental sobre a natureza de Deus e do bem:

> Nós encontramos aí, inicialmente, a história do primeiro homem, contando que Deus proibiu a Adão comer do fruto da árvore do conhecimento do bem e do mal, o que parece significar que Deus prescreveu a Adão agir bem e buscar o bem enquanto tal, não tanto enquanto contrário ao mal, ou seja, o bem pelo amor ao bem, não por temor ao mal. Como mostramos, quem pratica o bem, pelo verdadeiro conhecimento e amor ao bem, age livremente e com constância; quem o faz por temer o mal age forçado pelo

mal, servilmente, vivendo comandado por outros. Daí essa única prescrição a Adão compreender toda a lei divina natural, acordando-se inteiramente com o comando da luz natural. Facilmente se explica por esse princípio toda a história ou a parábola do primeiro homem.[34]

A história do primeiro homem é puro e simples relato, é parábola explicitando ao leitor-filósofo a lei natural. Vê-se aqui a diferença radical entre Spinoza e Agostinho: a Lei hebraica é, para o último, imagem da Encarnação vindoura, ao passo que, para Spinoza, representa uma etapa na história da ética universal. A divisão não é mais, como em Agostinho, entre revelação e eleição, mas antes entre superstição e razão, autoridade e liberdade, teologia e filosofia. Essa ética universal, que é o entendimento, pelo espírito, da natureza divina, tem também, pelo menos no *Tratado*, local privilegiado em que se inscreve e manifesta: "A palavra e o pacto eternos de Deus e a verdadeira religião estão inscritos por Deus no coração, ou seja, no espírito humano. Eis o texto verdadeiro que Deus subscreveu com Seu selo, ou seja, Sua ideia, como imagem da divindade. Os primeiros judeus receberam a religião como lei escrita certamente porque na época eles eram como que criancinhas. Mas então Moisés (Dt 30,6) e Jeremias (31,33) lhes predisseram que chegaria um tempo em que Deus inscreveria Sua Lei em seus corações. Assim, é só para os judeus, notadamente os saduceus, que convinha outrora combater, em benefício da Lei escrita nas tábuas, mas não para aqueles que a têm escrita em seus espíritos."[35] A escrita primeira da Lei correspondia ao estatuto infantil do povo judeu. O coração de Spinoza não reflete o mistério e o silêncio interior; ele é, sobretudo, o nome da racionalidade, do pensamento humano, segundo ele próprio.

Por essa perspectiva, a interioridade agostiniana equivale a uma escravidão, uma ignorância da verdadeira natureza da Lei. Spinoza, em suas análises sobre a diferença entre as origens da Lei judaica e os fundamentos da revelação universal, traça as grandes linhas da ultrapassagem do problema da Encarnação e de sua apologética. Ele separa também, de maneira radical, para não dizer absoluta, os problemas de uma hermenêutica cristã, ciosa em tornar inteligível o encerramento narrativo do Antigo Testamento, dos da filosofia, que é uma busca pela liberdade e pela verdade universal. Ademais, por sua insistência na dimensão ética da filosofia, ele prepara um tipo de teologia filosófica. Essa teologia filosófica (Kant retomará o termo) empreenderá, pela leitura do Gênesis, a separação definitiva entre a revelação e a história. De certo modo, a radicalização das análises agostinianas por Spinoza propiciará o que chamo naturalização da revelação. Por naturalização, deve-se entender a descrição das etapas conduzindo a humanidade do estado infantil descrito por Spinoza ao da autonomia da razão.

Resta saber: quem conseguiu apreender a natureza divina? Spinoza privilegia aqui a figura do Cristo, porque só ele se comunicou diretamente com Deus. O estatuto do Cristo no *Tratado* levanta enormes problemas, mas, para nós, basta ver de que modo o Cristo difere dos antigos profetas do Antigo Testamento e como reconhece e retransmite a mensagem divina. A primeira diferença entre o Antigo e o Novo Testamento é marcada pelo local de inscrição da escolha divina. Por um lado, as entranhas, por outro, o coração. A Aliança é instituída por um contrato e uma troca restrita a um corpo (do indivíduo e do país), enquanto o Cristo ensina a lei universal: "O Cristo, como eu já disse, foi enviado não para conservar o Estado, nem para instituir leis, mas para ensinar a lei universal apenas."³⁶ A mensagem divina entregue como mensagem universal também se diversifica linguisticamente: "Enfim, é indubitável que é dessa diversidade dos fundamentos sobre os quais os apóstolos estabeleceram a religião que nasceu a multiplicidade de disputas e cismas pelos quais a Igreja foi, desde o tempo dos apóstolos, indefinidamente atormentada. Esse tormento será indubitavelmente eterno, a menos que um dia a religião se separe das especulações filosóficas, retornando ao número ínfimo de dogmas singelos ensinados pelo Cristo aos seus. O que foi impossível aos apóstolos porque o Evangelho era ignorado pelos homens."³⁷ A diversidade das opiniões dos apóstolos é uma diversidade de línguas, explicando a história dos cismas da Igreja. Em vez da confusão linguística depois de Babel, Spinoza apresenta a seu leitor-filósofo o triste espetáculo de diversidade de dogmas e doutrinas levando à confusão entre o vulgar e o crente, explicando a queda nos preconceitos teológicos. A língua divina não é nem o hebraico nem o siríaco: é a língua da natureza divina e do entendimento. Não é língua humana, marcada por uma história, uma cultura e um meio; é, antes, a língua do universal, daquilo que, no espírito e pela razão natural, conduz necessariamente ao conhecimento do bem. Tudo que é histórico é suspeito. Tudo que é histórico está sujeito a disputas e variações, e o primeiro objeto histórico nascido do erro do primeiro Adão é a teologia. Daí o propósito principal da obra de Spinoza: separar a fé e a filosofia, ou o erro e a verdade. A ignorância primeira requer a obediência. Já a verdade chama a liberdade: "Resta demonstrar, enfim, que entre a fé – ou seja, a teologia – e a filosofia inexistem relação e afinidade, o que ninguém que conhece o fim e o fundamento dessas duas disciplinas, verdadeiramente diferentes, em toda a extensão do céu, pode ignorar. Pois o único fim da filosofia é a verdade, ao passo que o da fé, como mostramos amplamente, são apenas a obediência e a piedade. Além disso, a filosofia tem por fundamentos noções comuns e deve ser extraída só da natureza; os da fé, ao contrário, são os relatos históricos e a língua, devendo apoiar-se na revelação e na Escritura apenas, como mostramos."[38] Spinoza não pode ser mais claro. A teologia é histórica e linguageira. Deve apoiar-se no que estrutura e motiva a história e a língua. A filosofia, por outro lado, só busca o espírito, local do divino. A teologia perverte a revelação submetendo-a à linguagem e a restrições escolásticas e a suas raízes gregas, fazendo Spinoza dizer que "não lhes [aos teólogos] bastou raciocinar mal com os gregos, eles quiseram fazer delirar os Profetas com eles".[39]

FILÓSOFO SEM PARAÍSO

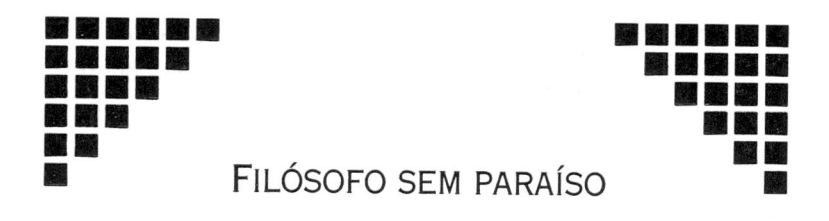

> Foi então que examinei, não como historiador nem crítico, cujo trabalho é infinito e nada diz, mas na condição de filósofo, como homem querendo seriamente encontrar a verdade, buscando-a de boa-fé em sua fonte e princípios, evitando fatos incertos e confusos em que a superstição se pinta com as mesmas cores da verdade. Não nos livros contendo o pró e o contra, o sim e o não, e que os mais hábeis jamais entendem perfeitamente, porém na reta razão, sempre clara até aos mais simples.
>
> CHALLE, *Difficultés sur la religion*[1]

O primeiro filósofo?

Qual é o método de Robert Challe, o autor das *Difficultés sur la religion*, em sua demonstração apresentada ao pai Malebranche? Malgrado o título da obra, só implicando, em tese, a expressão de algumas dúvidas sobre a religião, Challe ressalta, no Prefácio, o que ele chama seu "jeito afirmativo demais", o de um "guerreiro acostumado a falar naturalmente".[2]

Assim, o militar-filósofo celebrado pelos filósofos iluministas identifica-se com estilo, tom, abordagem apoiados em escolha fundamental, determinando todo o resto. Essa escolha se situa, como veremos, entre a análise dita racional, por um lado, a teologia e a erudição histórica, por outro. Challe insiste, porém, no vínculo entre o livre exercício da razão e a própria verdade.

Seu método é um manifesto. Inspira-se na própria natureza da verdade e da razão humana. Por isso escolhe ignorar ou ultrapassar os problemas da erudição.[3] De fato, esse método, acima de tudo polêmico, contesta a maneira como certas verdades são estabelecidas e a preeminência da história no exame crítico das ideias e opiniões. Challe articula pela primeira vez (apesar do *Discurso* de Descartes) abordagem filosófica identificando razão e individualidade. Destaca a diferença entre a dedução, a análise racional da verdade e o peso enorme dos preconceitos e da transmissão histórica na constituição das doutrinas religiosas e filosóficas. Indivíduo e razão formam o par mágico, autônomo, com o direito e o poder de buscar a verdade e conhecê-la. Tem-se aí o primeiro exemplo dessa autonomia da razão que organiza a história humana e que, sobretudo com Kant, se torna o veículo privilegiado do exame filosófico da religião. A razão celebrada por Challe é universal e única: "Só me baseio na razão comum à humanidade. A religião é feita por todos os homens, é necessária a cada um, idiota ou culto, surdo, cego ou são. Assim, não será pela ciência que nela se entra, nem pela erudição, nem pelos sentidos, que são enganadores e estão desigualmente distribuídos entre os homens, mas pela razão, sim, embora não pelo espírito."[4]

Em matéria de religião, como em qualquer outro campo, deve-se seguir e acomodar a verdade, cuja característica essencial é "oferecer-se naturalmente e sem rebuscamento a todos os espíritos".[5] Com esse posicionamento absoluto e radical, a interpretação da religião cristã se transforma, primeiramente, em análise da história religiosa distinguindo entre crenças e verdade histórica, teologia e práticas sociais, religião e religião. Essa divisão entre a Tradição, tal como recebida e transmitida, e o poder analítico da razão fixa as modalidades fornecendo a Challe posição crítica privilegiada, expressando ao mesmo tempo a mais simples expressão da natureza da razão aplicada à religião.

Primeira consequência dessa escolha metodológica é o jogo, presente em todo lugar nas *Difficultés*, mas também no *Journal d'un voyage*, entre uma cultura erudita e livresca e observações práticas irrefutáveis, entre o que se poderia chamar ordem da leitura e ordem da natureza.[6] A leitura, aparentemente, contém as invenções e as ficções, as construções vãs e fúteis que só reforçam ideias recebidas ao substituírem a verdade natural. Essa defasagem entre cultura histórica e experiência explicita a fraqueza da autoridade da Tradição e a fragilidade de seus textos fundadores. "Esses autores pretendem surpreender os espíritos e conquistar a estima e a confiança mostrando sua ciência e acuidade. O senso comum diz que um homem que diz belas e boas coisas no começo de sua obra não a terminará com banalidades. Assim prevenido, ele dá à autoridade o mesmo consentimento que emprestara à razão, mas que terrível queda desses autores e suas sublimes especulações ante um homem racional, quanta pobreza, quanta puerilidade, quantos falsos raciocínios, quanta moeda falsa, quantas tolices!"[7]

O levantamento de Challe não poderia se fundar nesses textos. Correspondendo à própria natureza da verdade, seu discurso, instrumento de pura crítica e desestabilização radical, promete captar essa verdade oculta ou esquecida em seu próprio movimento, em seu desenrolar sem intermediário nem artifício, sem desvio nem desfiguração. Assim, "em idade mais madura, algumas leituras, experiências e reflexões me mostraram que se fizeram, desfizeram e refizeram muitos livros, que se suprimiram alguns, supuseram, aumentaram, diminuíram e mudaram livros verdadeiros, não poupando fraudes nem alegorias e explicações distorcidas. Foi então que examinei, não como historiador nem crítico, cujo trabalho é infinito e nada diz, mas na condição de filósofo, como homem querendo seriamente encontrar a verdade, buscando-a de boa-fé em sua fonte e princípios, evitando fatos incertos e confusos em que a superstição se pinta com as mesmas cores da verdade. Não nos livros contendo o pró e o contra, o sim e o não, e que os mais hábeis jamais entendem perfeitamente, porém na reta razão, sempre clara até aos mais simples".[8] O filósofo, personagem pura, selvagem, segundo Challe, capta por seu próprio desprendimento a verdade natural que se oferece à razão.

Esse método, consciente da genealogia histórica das crenças e fundamentos das práticas sociais que as sustentam, deslegitima a teologia ao insistir na falsidade de seus pressupostos e métodos. Mas a distinção entre a filosofia, por um lado, e o trabalho histórico e crítico, por outro, lembra evidentemente o *Dictionnaire historique et critique* de Bayle e suas polêmicas. Bayle desdobra, a serviço da tolerância, todas as aquisições da erudição e da análise filosófica para demonstrar a historicidade da fé e suas variações contra os preconceitos da autoridade. Seu esforço, no *Dictionnaire* e alhures, consiste em mostrar que a razão, longe de ser meio privilegiado para a verdade, é só instrumento destrutivo, ou, mais precisamente, de desestruturação: "A razão humana é fraca demais para isso, é princípio destrutivo, não construtivo: só serve para formar dúvidas..."[9]

Contudo, diferentemente do militar-filósofo, Bayle não deixa de defender a separação entre fé e razão. Da disputa maniqueísta longamente descrita no *Dictionnaire*, por exemplo, ele infere a necessidade de submeter seu entendimento à autoridade divina. Porque, para Bayle, conciliar o mal moral e o mal físico do homem com todos os atributos de Deus, na condição de único princípio perfeito, ultrapassa as luzes da filosofia, de modo que os objetos maniqueístas levantam dificuldades que só a razão humana não pode resolver.

Para Challe e Bayle, a razão é o único meio dado ao homem para conhecer-se e definir-se. No entanto, para o primeiro, essa razão permite e garante a autonomia da atividade humana e convida o filósofo a rejeitar qualquer crença fundada na obscuridade, na superstição e na mentira. Bayle é muito mais pessimista. O fantasma do mal atravessando o pensamento o incita a temer qualquer noção de progresso e a criticar toda concepção antecipadamente positiva, sobretudo em matéria de religião. O contraste entre ambos não poderia ser mais contundente quanto à predestinação e a graça.

Em seu *Journal d'un voyage*, evitando os detalhes opondo jesuítas e jansenistas ou Arnauld a Claude, Challe aborda diretamente o problema: "Não tendo nada melhor para fazer e já estando ocupado com o assunto, devo declarar meu sentimento sobre a graça, contrário a entrar nas disputas entre o sr. Arnauld e o sr. Claude ou nas do mesmo sr. Arnauld com os jesuítas sobre a graça, o livre-arbítrio ou a predestinação. A quantidade de libelos que li e de que soube a respeito me dá ideia alternativa, e afirmo: ou somos predestinados, ou usufruímos pura e simplesmente nosso livre-arbítrio; ou seja, nossos atos são puramente voluntários e só agimos porque queremos."[10]

A questão reduz-se a simples escolha, ou, mais exatamente, a impossibilidade lógica do contrário da liberdade: "Eis como raciocino para conciliar essa pretensa predestinação, que rejeito absolutamente, enquanto pura e simples predestinação, e, ao rejeitá-la, admito e estabeleço a livre disposição de nossos atos na Terra, o que é efetivamente o livre-arbítrio que nos deixa a escolha voluntária e não determina absolutamente nossa vontade entre o bem e o mal [...]. Eu vejo a graça como o sol iluminando igualmente o mundo todo."[11] A graça e a predestinação chamam naturalmente a liberdade. Para Bayle, o problema leva também a essas escolhas irredutíveis: "Tudo se reduz ao seguinte: Adão pecou livremente? [...] Todos os que têm um pouco de discernimento veem claramente que, quanto à liberdade, só há dois partidos: ou todas as causas distintas da alma, concorrentes, lhe deixam a força de agir ou não, ou as determinam inevitavelmente a agir."[12] No contexto, a distância entre o filósofo, o historiador e crítico aumenta. Em Challe, a redução do problema da graça à sua essência resulta na rejeição da predestinação, em benefício de liberdade humana quase ilimitada. Quanto a Bayle, embora coloque a questão da liberdade, a graça o remete sempre ao problema do mal. Entre ambas as perspectivas, é impossível qualquer interseção. Para o militar-filósofo, a graça e a predestinação são questões que melhor vale esquecer, para permitir o progresso e o exercício da liberdade. Para o historiador e crítico, a graça e a predestinação exigem retrocesso, narrativa histórica dos inícios e das interpretações do problema, para demonstrar a impossibilidade de resolvê-lo sem a fé. Efetivamente, sobre a questão da fé, o militar-filósofo e o historiador crítico parecem se encontrar. Para Challe, a fé, ou, mais especificamente, a crença, envolve a dúvida: "Crer e ver diferem, portanto. Crer significa não contestar, aquiescer provisoriamente até melhor instrução. Essa palavra carrega dúvida e abre a porta para uma crença contrária."[13] A crença, por essa perspectiva, repousa em temporalidade de verificação: ela é provisória e sempre busca provas. A dúvida dinamiza aqui a variação e a mudança das crenças. Não é a mesma dúvida do pensador de Roterdã, que, radicalizando o ceticismo, afirma poder fundar todas as crenças: "Será necessário examinar tudo, como se fôssemos uma tábua rasa. Desnecessário duvidar realmente, menos ainda afirmar, que tudo em que cremos é falso. Basta espécie de inação, evitando que nossa persuasão nos oriente no julgamento sobre as provas da existência de Deus e sobre as dificuldades e os argumentos dos ateus."[14] A dúvida de Bayle é estratégia associando a fraqueza da razão e seus perigos aos desejos de explicitar e contar os grandes relatos fundadores. Discurso cético fundado na procura dos erros e de sua transmissão.

Entre o *Journal d'un voyage* e *Difficultés*, pode-se seguir a radicalização das posições de Challe. Ela resulta, sobretudo, da teorização das observações e realidades fazendo duvidar dos detalhes bíblicos. Examinemos um único exemplo, revelador por tocar tema primordial: qual foi a língua falada pelo primeiro casal no Paraíso terrestre? O que une essa língua e a diversidade linguística humana? Por outro lado, qual é a genealogia das diversas "raças humanas" encontradas por Challe em suas viagens? Em notável passagem de seu *Journal d'un voyage*, Challe expõe a situação da questão segundo ele:

> Mas, já que a ocasião acaba de remeter a isso, de onde provêm esses caraíbas? De onde vêm todos os outros povos habitando as ilhas distantes de qualquer continente? Todos

com costumes e religiões diferentes, uns organizados e outros verdadeiramente brutos? Descendemos de Adão e Eva? Por onde sua prole conseguiu se espalhar? Penetraram terras desconhecidas há menos de 250 anos, terras que concílios e decisões da Santa Sé proibiam até a ideia? Quem me explicará, ou quem resolverá as dúvidas que agitam meu espírito? Já vejo que o papa não é de jeito nenhum infalível, e os concílios tampouco, no que não se refere diretamente à fé. A quantidade de idiomas ou línguas persuade-me sobre a confusão em Babel. Mas essa dispersão dos filhos de Adão, de onde vem? Devo situá-la antes do Dilúvio? A Escritura me responderá que ele foi universal, e que todo animal vivo se afogou, exceto os que Noé carregou na arca. Devo situá-la antes do Dilúvio? Só havia oito pessoas na arca de Noé: ele, seus três filhos e mulheres de cada. Sabemos que se estabeleceram, e seus descendentes, na Ásia, na Europa e na África. Só temos conhecimento recente do Novo Mundo [...]. Desconsidero os animais de todas as espécies. Por quem esses homens e mulheres foram produzidos ou gerados, de onde vieram seus ancestrais e seus autores? Devo crer que, durante o Dilúvio, a terra foi partida, se assim me posso expressar, e que cada parte se deteve, com seu conteúdo, nos locais onde presentemente estão? Em que tempo ao certo fixar essa divisão da terra? Minhas reflexões me conduziriam longe demais se decidisse aprofundá-las.[15]

Essas reflexões, para além da contradição entre a experiência e o texto bíblico, serão aprofundadas no segundo caderno das *Difficultés sur la religion*. Essa rediscussão da questão propiciará novo contexto, mais radical, ao problema da linguagem adâmica:

As palavras das línguas foram inventadas pelos homens, consequentemente só significando o que os homens concebiam e conheciam e sobre o que tinham ideias. Impossível, portanto, que, por meio das línguas, Deus os instruísse sobre o que chamamos mistérios; já que são novidades ultrapassando a razão, seria necessário que Deus fornecesse novas ideias, criando palavras correspondentes, sem o que o mistério é pura proposição vazia [...]. Pode-se talvez afirmar que Deus ensinou a língua aos primeiros homens. Inverossímil. Os homens constituíram, eles próprios, palavras para que se entendessem. É o que faz a diferença dessas línguas, sendo mais ricas ou menos conforme os homens que as utilizam tenham maior ou menor quantidade de artes e ciências. A língua algonquina, quase geral na América setentrional, se reduzida a dicionário, teria apenas duas ou três pequenas páginas.

E, caso seja verdade que Deus fosse o autor das línguas, Ele não forneceu palavras aos mistérios da religião cristã, já que, antes da morte de Jesus Cristo, não estava em questão a Trindade. Assim, a impossibilidade da instrução pelos livros e discursos permanece real.[16]

A linguagem é produto humano: resulta de necessidade prática, sem relação com Deus e a ordem da Criação. Enquanto grandes eruditos se ocuparam em reencontrar a língua original falada no Paraíso, o filósofo Challe nos orienta para análises da natureza e estrutura da linguagem evocando Rousseau e, talvez, sobretudo o Kant das *Conjecturas sobre o início da história humana*. Combatendo a superstição e o fanatismo, o exercício da razão, nas *Difficultés*, prepara o que se poderia chamar método conjuntural, ou seja, a aplicação da razão à reconstrução hipotética de suas próprias origens. A análise introduzida por Challe torna a genealogia seu guia preferido, aliando o pragmatismo ao realismo, até mesmo a certo naturalismo.

Challe, guerreiro da filosofia, enxerga em todo lugar o conflito entre razão e natureza, por um lado, e o cristianismo e suas instituições, por outro. Centraliza sua reflexão a noção de liberdade: "Nunca me ocorreu definir a palavra *livre*, ela é clara a todos; só a extravagância teológica cristã pôde imaginar a respeito uma liberdade indiferente e uma liberdade contingente. Entendo pela palavra *livre* o que todos entendem quando se diz que não se é livre para passar fome, mas que se é livre para comer, tendo pão; que não se é livre para pensar ir banhar-se, mas que se é livre para não se banhar, desacompanhado, não sendo estuprado."[17] A liberdade alia-se, para Challe, à natureza do Verbo divino e da linguagem da revelação. O texto bíblico está, efetivamente, minado pelas contradições: "O conto do pecado de Adão rui, e nada humilha mais a humanidade do que dever combater semelhantes loucuras e atormentar-se para esclarecer as coisas. Adão era senhor de suas paixões; enfim, ser perfeito em natureza imaculada: tal suposição é evidentemente falsa; os homens de hoje têm natureza menos imperfeita, nenhum sucumbiria a semelhante tentação, sob tal ameaça."[18] Essa primeira contradição leva Challe a duas conclusões que aqui nos interessam. A primeira se refere à própria natureza da religião e da revelação. Para ele, já que a linguagem é produto humano, toda língua humana é pura ficção, Deus comunica-se com o homem por outro meio. "Foi o próprio Deus que me disse gravando em meu espírito que Ele está presente igualmente em todo lugar, que Ele é um, é justo, não se detém nos presentes. Se Ele quer que eu pense diferente, que Ele o diga a meu espírito de maneira tão clara quanto o resto. Quem ousará dizer que Deus não pode revelar Suas vontades, notadamente como mostra pelos meios de minha consciência?"[19] Aqui, novamente se encontra a inscrição, a comunicação direta ultrapassando a articulação e a voz, na qualidade de meio privilegiado de transmissão da mensagem divina. Uma vez neutralizado o relato bíblico, liberado do preconceito da obrigação do verossímil, ele se torna pura ficção, fábula propagada por falsificadores. Assim, criticando a natureza e a própria estrutura do relato da Criação, Challe acaba opondo religião a religião – uma religião fundada em texto fictício e outra encarnando a verdadeira mensagem do Criador, uma religião de tradição e uma religião natural.[20] Para o filósofo, as *Difficultés sur la religion* respondem às dificuldades adâmicas demonstrando seu absurdo.

O profeta da razão

Thomas Paine, autor de *A era da razão: uma investigação sobre a teologia verdadeira e a fabulosa*, dedica também parte importante de sua obra à função da tradição na geração e transmissão do relato bíblico da Criação.[21] Análise "lógica" de seus aspectos linguísticos e estilísticos, revela, segundo Paine, as fraquezas do texto do Gênesis, estabelecendo a verdadeira origem do relato ou da fábula bíblica.

Quanto à história da Criação, iniciando o Gênesis, parece tradição israelita anterior à sua chegada ao Egito. Saindo de lá, eles a situaram na abertura de sua história, sem dizer que ignoravam (o que é muito provável) como receberam tal comunicação. A maneira como começa esse relato prova que ele provém da tradição. Ele se abre *ex abrupto*, sem orador nem auditório. Não tem destinatário. Não se encontram primeira, nem segunda, nem terceira pessoa. Tudo demonstra que a tradição é a única origem. Ninguém é responsável por ele. Moisés não o assume, ao fazer preceder a fórmula que ele emprega em outras ocasiões: "O Senhor falou nestes termos a Moisés, tu dirás a meu povo etc."[22]

O contexto egípcio dos inícios da tradição bíblica é importante, pois assegura a origem humana do relato bíblico. Essa localização (para não dizer situação) da tradição é acompanhada de crítica ao cristianismo e aos fundamentos de seu universalismo. O essencial, para Paine, do mesmo modo que para Challe antes dele, está nos pressupostos da versão oficial e institucional do cristianismo e na maneira como representa e explica a origem e a natureza da linguagem humana:

A linguagem do homem é local e mutável, assim, não pode ser empregada para transmitir instruções imutáveis e universais. É absurdo supor que Deus enviasse Jesus Cristo para anunciar, como se diz, a boa-nova a todas as nações, de uma ponta a outra da Terra; semelhante ideia só pôde ocorrer a ignorantes que não sabiam nada sobre a extensão do universo, que acreditavam o Globo chato, imaginando poder passear até sua extremidade. É o que efetivamente pensavam esses salvadores do mundo, persistindo assim durante ainda vários séculos, malgrado todas as descobertas dos filósofos e a experiência dos navegadores.[23]

A linguagem da Criação é universal porque não é única. Daí a importância do que Paine chama visibilidade, porque para ele a Criação se apresenta ao modo de objeto visível, ou seja, se oferece à razão e à observação sem intermediário. Em vez de modo de inscrição, de linguagem escrevendo em superfícies e no espírito, o Verbo de Deus, para Paine, mostra-se em todo lugar na natureza e em toda riqueza de sua diversidade. O Verbo divino não comporta segredo nem mistério. É objeto visível e legível acompanhando a razão humana em suas aventuras:

> É só na CRIAÇÃO que se podem unir e fundir todas as ideias, todas as concepções que nossos espíritos formam sobre o *Verbo de Deus*. A Criação fala linguagem universal independente das linguagens e idiomas humanos, por mais múltiplos e diversos que possam ser. É um original imperecível que todo homem é capaz de ler. Não se pode nem o falsificar, imitar, perder, alterar, nem o fazer desaparecer. Independe da vontade humana que seja ou não publicado, pois ele se publica a si mesmo, de uma ponta a outra da Terra. Ele prega a todas as nações e ao conjunto dos mundos, e essa *palavra divina* revela ao homem tudo o que ele deve saber sobre a natureza divina.[24]

Em vez de consequência da desobediência do primeiro casal, a diversidade das línguas humanas prova a natureza do Verbo divino, subtraído do erro e da superstição ao evitar qualquer tradução e transmissão humanas, já que se entrega por si mesmo a todo homem racional. Assim, a *idade da razão* é de algum modo a idade da naturalização da Criação e de sua revelação. O Paraíso terrestre, se algum dia existiu, é a terra habitada por todos os homens; e o relato da Criação, a verdadeira história revelada, é palavra divina que consiste, segundo Paine, num "original imperecível", sempre disponível e acessível a todos os homens, de qualquer língua e origem. Universalização natural da mensagem divina favorecendo a especificidade linguística da versão "oficial" da Bíblia. Nessa universalidade, a razão é o agente da comunicação natural, superando os obstáculos imaginários criados pela diversidade linguística. A Criação é revelação ao se apresentar em tudo e em todo lugar, sem a ajuda dos homens, suas línguas ou interpretações e instituições. Ela fala à totalidade do gênero humano precisamente porque não fala língua *alguma*. Mais importante: essa autorrevelação é contínua e autônoma, e sua continuidade legitima o poder e a autonomia da razão que lhe corresponde e autoriza a crítica da religião e de seus usos dos relatos bíblicos. A verdadeira religião do *Século da razão* é a que todos os homens discernem naturalmente e sem nenhuma ajuda.

Para Paine, o relato bíblico e suas sequências são absurdos ao suporem a existência de palavra divina, escrita ou falada, sujeita à transmissão humana e comunicada em língua específica. Como se as hesitações de Agostinho sobre a voz como veículo da palavra divina fossem aqui radicalizadas não para insistir nos defeitos da voz e sua impermanência, tampouco sobre a natureza incompreensível do Verbo divino, mas, antes, para demonstrar a falsidade do relato bíblico e de tudo o que conta sobre a Criação e a revelação:

> Estabeleci em primeiro lugar que, em virtude de razões palpáveis, é absurdo imaginar ou crer existir uma palavra de Deus, escrita, impressa ou oral. Essas razões, às quais eu poderia acrescentar muitas outras, são que não há língua universal, que a linguagem humana é mutável, que as traduções são sujeitas a erro, que não teria sido possível fazer desaparecer palavra assim transmitida e que bem pode ter sido largamente alterada, até inteiramente forjada, antes de ser imposta ao mundo.
> Mostrei depois que a criação visível é a verdadeira palavra de Deus, palavra eterna que não pode nos induzir a erro. Ela proclama Seu poder, demonstra Sua sabedoria, manifesta Sua bondade e benevolência.[25]

A fragilidade e a diversidade das línguas, a necessidade das traduções e os problemas levantados pela transmissão humana não passam de ocasiões ou de convites ao erro e à propagação de superstições. A Criação e seu Verbo, por outro lado, são visíveis: prescindem de qualquer tradição porque estão em todo lugar e em tudo. Um spinozismo modificado, moldado para corresponder a uma naturalização da razão. O "senso comum" guia a razão em sua busca não do Paraíso terrestre e da origem perdida, mas da própria identificação e reconhecimento. O indivíduo irrompe porque o homem do século novo é a testemunha da revelação.

Ideologia da linguagem

Com Volney, ideólogo e viajante, é a dimensão filosófica do estudo da linguagem e da história das teorias linguísticas que se destaca. Essas teorias lembram épocas de predomínio simbólico e, sobretudo, religioso. O progresso da linguística filosófica resulta do abandono gradual e da crítica a esse simbolismo religioso. É uma história das ideias – uma "ideologia" – da linguística que, por meio da avaliação histórica, recenseia e identifica os problemas culturais e políticos, já que tocam o nacionalismo e a identidade cultural.

Essa ideologia é filosófica porque é comparativa e naturalista, no sentido dado a essa palavra por Challe em sua obra *Difficultés sur la religion*. Ela negocia com o local e o universal ao explorar todos os dados culturais à sua disposição. Identifica e descreve também uma *Aufklärung*, uma emancipação da humanidade pela história de suas ideias linguísticas.

O *Discours sur l'étude philosophique des langues*, de Volney, começa evocando uma especificidade francesa ligada aos mitos e lendas antigos.[26] Essa especificidade constitui uma "inferioridade nacional", ao obstar a investigação filosófica e sobre as origens e a natureza da linguagem. Para demonstrar os efeitos desse bloqueio e revelar suas fontes, Volney opta por apresentar a história das ideias linguísticas usando recorte cultural e metodológico, destacando as rupturas entre as tradições da Antiguidade e a ciência moderna. Assim, oferece a seu público uma panorâmica das escolas grega, egípcia, judia, cristã e filosófica. A escola filosófica encarna, como em Challe, liberdade sobretudo comparativa. Ela não decide nada *a priori*, exceto o que rejeita: a herança confusa e errônea das escolas precedentes.

A escola grega, do mesmo modo que a de Roma, reduz, segundo Volney, quase todo o estudo da linguagem à retórica, em razão da afinidade entre retórica e política no mundo clássico. Com isso, malgrado sua admiração pela democracia antiga, Volney julga essa tradição pobre linguisticamente, por negligenciar ou ignorar o outro e o diferente, e, notadamente, por desconsiderar as línguas dos "outros". Para ele, apesar das conquistas teóricas da filosofia grega, a escola clássica afasta-se do verdadeiro estudo filosófico da linguagem:

> Entre os gregos e entre os romanos, pode-se dizer que a meta do estudo da linguagem era só retórica, ou seja, a arte de apaixonar, suscitada pela natureza do governo desses povos, mais ou menos democrático durante muito tempo: não se pode negar, esses povos foram hábeis artistas a respeito, mas, da perspectiva do estudo filosófico da linguagem, não temo dizer que permaneceram tão infantis quanto os selvagens da América do Norte, ambos nos contando gravemente, sobre a autoridade de seus antepassados, que a arte de falar foi inventada pelos manitus, os gênios e os deuses. Um povo pode produzir grandes pintores, grandes poetas, grandes oradores sem progredir em nenhuma *ciência exata*: esses talentos se devem à arte de exprimir as sensações e as paixões, mas aprofundar conhecimentos metafísicos ao modo da formação das ideias e de sua manifestação pela linguagem é outro tipo de dificuldade. Só vejo Platão, esse "rato de qualquer ciência", esse poeta de toda filosofia, discutindo algo a respeito em seu diálogo *Crátilo*; contudo, depois da leitura desse trecho, pouco se avança na solução das duas perguntas propostas a Sócrates: até se pode dizer que o

resultado mais claro é o artificioso procedimento do formulador, que, ao apresentar a dupla pergunta, sobre se a linguagem nasceu da *natureza das coisas* ou da *convenção dos homens*, disfarçou seu embaraço sob tergiversações de Sócrates, que raciocina ora pró, ora contra, apontando antes o lado mais fraco de cada opinião. Hoje que temos, pelos progressos gerais da civilização e de todos os conhecimentos físicos e morais, mais de seiscentos vocabulários de nações diversas e mais de cem gramáticas; que nesses vocabulários vejamos os objetos das necessidades mais simples e naturais expressos por nomes totalmente diversos, os raciocínios de Platão se reduzem a bem pouco, e devemos nos instruir com os fatos.[27]

Para Volney, e também para Challe e Paine, a diversidade linguística produz consequência capital: contradiz a tese ou a teoria sobre a existência de língua original única, inata e natural (no sentido dado a esse termo por Volney). Daí a conclusão do ideólogo: "Certamente, a consequência é que só o homem pôde inventar os signos de suas ideias, que nenhum agente externo lhe pôde soprar ou sugerir esses signos quando seus modelos inexistiam; enfim, que a linguagem decorre de sua organização física e de suas convenções artificiais e sociais."[28] A linguagem resulta da natureza do homem e de sua interação com o próximo e o meio. O desconhecimento pelos antigos do arbitrário signo linguístico demonstra a ingenuidade de suas explicações. Volney retoma aqui, insistindo em sua dimensão filosófica, os temas e argumentos da Disputa dos Antigos e dos Modernos: "Quem negará que nessa época todos os sábios não eram *criançonas* em experiências no estudo da natureza, na ciência sutil da ideologia?"[29] Essa identificação dos sábios antigos a "criançonas" é capital, pois nos revela a problemática e as fontes de Volney em sua avaliação filosófica dos saberes da Antiguidade. Ele retoma e amplia uma tradição inaugurada por Bacon, modernizando-a e destacando sua dimensão "ideológica". Tal retomada lhe permite melhor contextualizar sua rejeição à Antiguidade e inseri-la em continuidade moderna.

Para Bacon, o vocábulo e a própria noção de Ídolo [*Idol*, *Idolum*] designam toda uma série de erros e de preconceitos conservando a autoridade absoluta da Antiguidade nas áreas em que o progresso natural do saber contradiz as crenças e os métodos herdados. Os Ídolos constituem também *método* ou metodologia da ciência e da história – que, para Bacon, não passa de filologia dos autores antigos. Ou seja, a violenta oposição aos Ídolos visa a duplo fim: restaurar o saber científico fundando-o na experiência e na experimentação, e reformar o próprio saber histórico, na medida em que o primeiro gesto da "promoção dos saberes", para citar os próprios termos de Bacon, consiste em reler e reavaliar os grandes textos da Antiguidade. Se Aristóteles é um "execrável sofista, desviado por vã estupidez, miserável joguete das palavras", é que o trabalho de uma leitura histórica integrando a temporalidade da ordem do saber permite comparar o sistema de Aristóteles e de seus sucessores às manifestações da própria natureza.[30] A derrubada dos Ídolos – das ideias recebidas e mais facilmente aceitas – graças ao exame lúcido e crítico, ou seja, para Bacon, científico e histórico, revela o erro que abrigam, impondo assim seu esquecimento. A ordem dos Ídolos, a ordem antiga, é a da ficção e da fábula, e, como se verá, na própria ordem da fábula, é necessário distinguir o antigo do contemporâneo, o arcaico do moderno

Seguindo-se os argumentos repetidos por Bacon em todos os seus textos, o saber estaciona na infância, sinônimo de esterilidade. Todo esforço inovador e contestador de Bacon consiste, portanto, em tratar esse corpo da doença da Antiguidade, da contaminação destruidora das origens obscuras e dos ídolos secretos. Para curar esse corpo estéril e doente, ele o introduzirá na idade da "virilidade", assim colocando o homem como modelo e paradigma do saber histórico. Desse modo, a produção temporal do saber e as representações da sucessão, das relações com a Antiguidade arcaica considerada origem informam e decidem sobre as figuras da virilidade. O novo corpo, são e produtivo, integra, em espaço agônico e contestador, todos os saberes antigos. Assim, na "produção viril do século" [*temporis partus masculus*], Bacon anuncia a liberação do corpo doente e o nascimento, tardio, do homem viril, universal: "Efetivamente, a opinião complacente dos homens sobre a Antiguidade é superficial, desarmonizando-se com o próprio termo, já que a palavra *antiguidade* se adequaria à velhice ou a uma idade bastante avançada do próprio mundo. E, logicamente, assim como exigimos maior conhecimento dos assuntos humanos e julgamento mais maduro de um velho do que de um jovem, em virtude de sua experiência e de tudo o que ele viu, ouviu e pensou, seria igualmente legítimo esperar mais de nossa época do que dos tempos antigos, desde que ela conheça suas forças e aceite experimentar e assuma a direção, pois corresponde a uma idade mais avançada do mundo, sendo mais rica em infinidade de experiências e de observações acumuladas."[31] O livre exercício da virilidade exige conscientização da ordem natural da sucessão e dos privilégios e poderes da modernidade. Os gregos permanecerão crianças, ao passo que nós devemos assumir nossa própria posição de homem maduro e viril. Esta simples reversão da valorização da Antiguidade e do antigo restabelece a ordem natural das coisas, seguindo o sentido mesmo do termo *antiguidade*, e institui o tempo como autoridade absoluta. A perspectiva mais sã e produtiva é a do presente, em sentido lato. Esse presente ativo, testemunho da herança antes negativa da Antiguidade e de seus ídolos, destrói as opiniões e os preconceitos, permitindo então aceder à ordem natural e compreendê-la. Adotar a posição do homem viril universal, que desvaloriza o saber infantil, é radical: "Era erradicar as teorias, opiniões e noções comuns, pelo rigor, firmeza de espírito e entendimento possíveis, retomando contato com os *particularia* [pontos particulares], para que o acesso ao reino natural se assemelhasse minimamente ao reino dos céus, onde não se pode entrar sem ter o coração de uma criancinha."[32] O adulto de Bacon, livrando-se dos preconceitos infantis, "toma contato", como que pela primeira vez, com os fenômenos naturais; ele experimenta inocentemente, ou seja, livre e metodicamente, a natureza. Assim, esse homem viril, cujo corpo e vida representam toda a história humana, inventa ou descobre outra infância e outra inocência, fecundadas pela destruição ativa e consciente da infância que é a Antiguidade. O homem universal, como conceito e alegoria da história e do saber, é gerado pela necessidade de negociar a partilha entre autoridade e mudança, entre os efeitos imprevisíveis da temporalidade e o estatuto privilegiado das origens. Criança e adulto simultaneamente, viril e inocente, tal é o homem universal de *La Grande Instauration* e *Du progrès et de la promotion des savoirs*.

Contudo, entre os autores franceses do século XVII, é talvez Pascal quem retoma e matiza o pensamento e as expressões de Bacon ao descrever o homem universal. Ele o faz em seu *Prefácio sobre o Tratado do Vazio*, redigido depois das polêmicas com o padre Noël, jesuíta peripatético, sobre a validade e a legitimidade das provas experimentais da existência do vazio.[33] O *Prefácio* é, de fato, espécie de manifesto metodológico anunciando desenvolvimentos dos *Pensamentos* em vários temas. Começa criticando a obediência cega e absoluta na Antiguidade em matéria de ciência. A autoridade da Antiguidade pagã destrói todas as opiniões sadias e fundadas na experiência. A aprovação preconceituosa dos antigos é forma de ignorância permanente, cegueira contraditada pela lucidez das coisas; e, já que o homem

> só é produzido pelo infinito, ele está na ignorância na primeira idade de sua vida, mas se instrui incessantemente em seu progresso [...]. E, conservando seus conhecimentos, ele pode também aumentá-los facilmente; assim, os homens estão hoje, de algum modo, no mesmo estado dos antigos filósofos, se eles pudessem ter envelhecido até o presente, acrescentando aos conhecimentos que possuíam os que seus estudos de vários séculos lhes poderiam ter proporcionado. Daí não só cada homem avançar continuamente nas ciências, por prerrogativa própria, mas todos juntos progredirem à medida que o universo envelhece, pois o mesmo ocorre na sucessão dos homens e nas idades diferentes de um indivíduo. De maneira que toda a sequência humana nos séculos deve ser considerada um mesmo homem que permanece e aprende continuamente.[34]

A memória ativa e crítica substitui a autoridade infundada da Antiguidade pagã. O homem universal de Pascal incorpora em sua busca o saber da Antiguidade. Ele vê ao modo dos filósofos antigos, mas além do que conseguiram enxergar. Ele vê e conhece o que teriam podido enxergar e conhecer. A continuidade do saber, fundada sobre a sucessão histórica, torna-se o motor do conhecimento. O homem universal de Pascal progride repetindo os gestos dos antigos, mas em novo contexto e perspectiva. Age à maneira dos antigos, mas vê e descobre outra coisa, vai mais longe. Essa repetição produz e legitima a diferença. Diferença radical, já que se trata dos fundamentos dos conhecimentos científicos e do saber histórico. É aqui que aflora a sutileza da posição de Pascal em relação à de Bacon. Não se trata mais de esquecimento total, destruição violenta das opiniões recebidas da Antiguidade. Ao contrário, "é assim que, sem os contradizer, podemos assegurar o contrário do que eles dizem e, tenha enfim que força essa Antiguidade tiver, a verdade deve sempre prevalecer...". O gesto pascaliano, menos radical aparentemente do que o de Bacon, situa o saber da Antiguidade entre o absoluto da verdade e o relativismo da experimentação progressiva.

Se Bacon e Pascal oferecem a Volney uma interpretação neutralizando a herança clássica, mantendo a necessidade de análise da continuidade do progresso das ciências do homem, a infância dos saberes linguísticos encontra sua mais importante manifestação na "escola judaica". Não surpreende, portanto, que Volney reserve suas mais fortes críticas para essa escola e seu "filho", a tradição cristã.

A "escola judaica" encarna, na descrição de Volney, a vontade de generalizar observações e fatos locais que são, por sua vez, variações sobre temas ou mitos mais antigos. Ela universaliza o que é só local, em parte por falta de ponto de comparação ou de curiosidade, mas também por desejar incorporar essas antigas tradições: "Com efeito, quando a cosmogonia judaica nos fala do primeiro casal humano, criado por *Deus*, ou pelos *deuses*, ela apenas nos apresenta de maneira diferente o que diz a maioria das outras cosmogonias; e, quando ela acrescenta que o primeiro homem nomeou todos os pássaros do céu, todos os animais terrestres, como vários desses nomes são característicos, em hebraico, de suas faculdades ou ações e propriedades, ou seja, de sua natureza, segue-se que o autor ou autores de tal cosmogonia partilharam a opinião egípcia que acabamos de ver, revigorando as ideias inatas platônicas. Essa indução mesmo é fortalecida quando os judeus nos atestam que as ciências egípcias se aparentavam às suas"[35] — retomada das teses das fontes egípcias da cosmogonia bíblica, mas sobretudo demonstração linguística da dimensão local e restrita do método da "escola judaica" e de seus defeitos:

> A terra toda tinha um único *lábio* (ou seja, linguagem única, um único falar ou discurso), e homens vindos do Oriente instalaram-se no vale de Sennar e disseram: Revolvamos a terra, cozinhemos tijolos; e o tijolo tornou-se para eles pedra, lama, pilão; e disseram: Construamos uma cidade para nós com torre tocando o céu; criemos um nome para nós (ou *sinal*: a palavra hebraica tem ambos os sentidos), para não nos dispersarmos pela terra: e Deus desceu para ver essa torre, e disse: Esse povo tem um só lábio ou língua: nada os impedirá de realizar seu pensamento (projeto): desçamos, e confundamos seu lábio; que eles

não se entendam mais, e Deus os dispersou assim, e eles cessaram de construir sua cidade [...].
Eis, senhores, o texto literal: ele requer algumas observações gramaticais. Primeiro, a palavra hebraica traduzida, *terra*, *Ars* (em árabe, *Ard*), não tem, rigorosamente, o sentido que os intérpretes lhes dão; admitem que os hebreus desconhecem a terra *globo*; que esse povo acreditou confusamente que ela seria uma grande ilha carregada pela água, ignorando sobre o que se apoiava a água, que esse povo, completamente ignorante sobre coisas físicas, nada conhecia 300 léguas além de suas fronteiras etc. A verdade é que, em hebraico, a palavra *terra* habitualmente significa *país*, que não tem termo próprio; em todo lugar se lê a *terra* de Judá, a *terra* de Israel, a *terra* de Canaã, a *terra* do Egito, a *terra* de Sennar, significando apenas *país*; ora, não se tem direito algum de distinguir, em francês ou em latim, o que o original não distingue, e, se se desejar raciocinar por probabilidades naturais, permite-se gênero de discussões que os intérpretes rejeitam segundo sua vontade.[36]

É como uma demonstração linguística de teses de Spinoza sobre a natureza e o caráter do texto bíblico. A redução do relato da Bíblia a um episódio sem alcance histórico traduz o quase esvaziamento de qualquer conteúdo teológico ou cosmogônico da Criação bíblica. E ela reconduz a língua hebraica do estatuto de língua divina ao de variante da língua fenícia.[37] Com isso, aí está o contexto adâmico, a torre de Babel e a confusão das línguas, como tudo o que é especificamente hebreu, submetido às exigências das ideias linguísticas. Segundo Volney, o hebraico não pode ser língua divina porque o texto sagrado não especifica qual era a língua falada na terra descrita pela Bíblia.[38] Interpretado o universalismo do monoteísmo judeu como exagero local, Volney só precisa demonstrar que os cristãos ouviram e adaptaram esse modelo. O cristianismo representa uma "letargia" do espírito humano que durou do século IV (data do Concílio de Niceia) ao Renascimento. Durante seu longo domínio sobre os espíritos, ele se transformou em censura, impondo-se ou impondo seus representantes na condição de "deuses falantes": "Como toda opinião se tornou assunto de partido, tornou-se perigoso ou inútil seguir qualquer estudo oposto ou alheio às paixões ou vontades dos poderosos: todo emprego da razão humana foi ato de independência perante os doutores que se constituíram em intérpretes de Deus, tornando-se quase *deuses falantes*. Tudo o que chamamos ideologia, estudo racional do entendimento humano, foi desacreditado a tal ponto que eu poderia citar sentenças de bispos proibindo o estudo da gramática: elas não seriam fornecidas por um de nossos sábios correligionários a quem eu devo minha observação".[39] O verdadeiro inimigo da ideologia, da nova ciência filosófica, é o cristianismo, que, mais do que o judaísmo, se erigiu em censor absoluto e dono do pensamento. Segundo Volney, é a fragilidade da verdade do cristianismo que explica seus métodos e instituições, e os desvios do espírito humano que ela impossibilitou.

Não se trata mais aqui de estabelecer ou demonstrar os vínculos entre a origem possível da língua, sua estrutura e natureza, e a economia da revelação. A própria revelação reflete manifestação de concepção linguística específica, de instituição e história de censura e supressão das ideias. O exame filosófico da linguagem produz um quadro histórico dos simbolismos ocidentais, do Egito antigo à era moderna, para mostrar os abusos da Tradição, seus erros e fraquezas, demonstrando a liberdade adquirida pelo espírito humano desde a queda da "religião". O ideólogo pensa com as ideias contra os mitos, opõe a ciência e a maturidade do saber científico ao pueril legado dos antigos. Ou melhor, redescobre a questão nacional, ou seja, a da língua falada por um país, encerrando seu quadro filosófico. Se Volney evoca uma inferioridade francesa no início de seu *Discours*, é para mostrar como as mudanças políticas e culturais modificam as línguas nacionais e como essas modificações refletem transformações culturais.[40] O Paraíso terrestre é só quimera. Só há, para o ideólogo-filósofo, fatos, ideias e realidades a decifrar. A conclusão de Volney celebra, quase triunfalmente, os progressos da ciência das línguas: "Já é hora de encerrar essas considerações apressadas; penso ter provado que o estudo das línguas era quase nulo entre os antigos, que entre os modernos ele inicialmente se encheu de preconceitos e erros, que só tenha começado a ser realmente filosófico, ou seja, segundo a reta razão e os fatos, há um século, que numerosos materiais estão finalmente reunidos."[41]

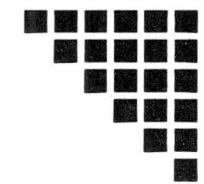

PARAÍSO DA RAZÃO

> Sem os homens, a criação inteira não passaria de simples deserto, inútil e sem finalidade.
>
> KANT, *Metodologia da faculdade de julgar teleológica*

Uma viagem de prazer

Leibniz quis combater a inclinação de Bayle em representar a razão humana como agente de destruição e de negatividade. Sua *Teodiceia* pretende introduzir teoria da justiça fundada em modelo da liberdade capaz de associar escolha e determinação, mudança e contingência. Entre Bayle e Leibniz se esboça uma concepção da Criação e da interpretação do relato bíblico do Paraíso em que o homem deve enfrentar o problema do mal. Essa "assombração do mal" leva a reformular as grandes teses teológicas sobre a graça e, mais ainda, sobre os fins da história humana tal como inscrita no relato de seus princípios no Paraíso terrestre. O Paraíso torna-se assim o local das rupturas e dos futuros possíveis da humanidade. Contudo, nada no pensamento de Bayle ou de Leibniz designa os planos ocultos da natureza.

Já para Kant, "sem os homens, a criação inteira não passaria de simples deserto, inútil e sem finalidade".[1] Pelo fato de que o homem, sua cultura e sua felicidade coroam a Criação dando-lhe motivação, utilidade e finalidade, a história humana parece à filosofia sistema cujos fins só podem ser o progresso e a cultura. Tal finalidade é autônoma, mas constitui também gesto de ruptura: a distinção inicial do homem, a pré-história da Criação, sua própria essência, inaugurando a marcha do progresso para o destino assegurado da razão e da humanidade. Assim, Kant deve pensar a questão da origem e da intencionalidade da história inaugural do ser humano e de suas sequências, segundo o modelo e as exigências da razão. A teleologia enfrenta o problema dos inícios e tenta, com Kant pelo menos, situar momentos privilegiados, dos começos mais ou menos certos, garantindo matéria ao filósofo. Duas abordagens se unem aqui: uma filosófica, a outra documental. Essa preocupação explica em parte os diferentes esforços de Kant para fundar uma história universal na *Ideia de uma história universal do ponto de vista Cosmopolita, na Metodologia da faculdade de julgar teleológica* e, para nós, em suas *Conjecturas sobre o início da história humana.*

Esses textos priorizam a razão e seu destino como fundamento e motor do progresso, reduzindo a religião a uma ética universal e assim transformando radicalmente a teologia em manifestação da vontade – manifestação inscrita na ordem e arquitetura do desenrolar e da revelação da autonomia da razão.[2] A teleologia substitui parcialmente a teologia no sistema kantiano, legitimando a inevitável prioridade da ética na instituição da civilização ou, segundo Kant, na cultura.[3] Nietzsche, como veremos, contestará esse gesto "absolutista" da filosofia kantiana ao criticar a teleologia e, principalmente, ao reencontrar, nos modos de dizer e ler os relatos fundadores da religião, outra história, a do erro divino e da culpa do Deus criador, e depois da instituição e da interiorização desses erros na qualidade de agentes da história. Passagem da vontade de autonomia da racionalidade e de seus progressos e realizações às aventuras e tribulações de conflito, de rivalidade entre os deuses e os homens, entre a ciência e a crença, entre os mitos e a realidade. Assim, o discurso ético, o discurso sobre a ética se revelam – pelo menos para Nietzsche – astúcia da religião, pois sua inteligibilidade requer obediência, ou a transferência da obediência para dentro do próprio modelo fundador da moral (sobretudo a kantiana). A obediência, para Nietzsche, não passa de sinônimo do espírito alemão e de seu duplo legado teutônico e luterano. Em outras palavras, segundo sua perspectiva, a ética e o imperativo categórico constituem a utopia de filosofia secretamente comportando traços de religião, repercutindo na história ocidental e remetendo a gesto primordial, o da fundação do cristianismo por Paulo.

Quanto aos documentos, Kant privilegia repetidamente os textos gregos, postulando sua fidelidade, para analisar o desenrolar histórico.[4] Essa escolha é capital, pois permitirá ao filósofo abordar livremente, se assim se pode dizer, o texto bíblico, já que ele, do ângulo histórico, não tem o estatuto de *documento*. Daí o recurso à *conjectura* como abordagem da origem remota e inacessível. Daí também a estranheza da história filosófica ou, mais exatamente, do relato da constituição da autonomia e da sociabilidade (e de suas regras e convenções) como afirmação, ou mesmo revelação, do "plano oculto" da natureza. Esse "plano" substitui em grande parte os modelos herdados da teologia, sobretudo a de Agostinho, mantendo o papel determinante da interiorização da obediência e de seus efeitos na produção e no surgimento da civilização. Estranheza, mas também ruptura com o que Kant chama *terra incognita*, ou seja, os vestígios da apropriação arbitrária de história secreta, singular, na linguagem da civilização, equivalendo, em nossa presente perspectiva, à tradução do Gênesis. No sentido kantiano, uma história particular não é elemento da história humana.

Kant insiste em distinguir o Gênesis e a história, por um lado, e a genealogia, por outro. Nas *Conjecturas*, Gênesis opõe-se à genealogia: oposição envolvendo notadamente o estatuto dos legados das teorias e explicações da história e da civilização que derivam de leitura errônea do relato bíblico. O Paraíso não é mais o local da origem nem da cena primordial. Ele é antes o produto do que é agora inacessível de uma vez por todas. Essa inacessibilidade, porém, suscita o desenvolvimento natural da razão e o desdobramento de seus efeitos na história humana. Ou seja, a ruptura entre origem absoluta, mas impenetrável, e o que pode ser conhecido como o motor da história da civilização é a mais radical possível. O uso da conjectura lembra, claro, *Discurso sobre a origem e os fundamentos da desigualdade*, em que Rousseau problematiza o estatuto dos primeiros fatos históricos: "Afastemos inicialmente todos os fatos, pois são alheios à questão. Não se deve tomar as Pesquisas, que permitem adentrar esse Tema, por verdades históricas; elas são apenas raciocínios hipotéticos e condicionais, mais apropriados a esclarecer a natureza das coisas do que a mostrar a verdadeira origem, e semelhantes ao que os Físicos fazem diariamente sobre a formação do Mundo. A Religião ordena crer que o próprio Deus, tendo tirado os Homens do estado de Natureza, quis que fossem desiguais; porém, ela não nos proíbe de elaborar conjecturas extraídas, unicamente, da natureza do homem e dos Seres que o rodeiam sobre o que a Humanidade se poderia ter tornado se fosse entregue a si própria."[5] Contudo, afora Rousseau, é necessário recorrer também a texto de Jean le Clerc, *Digression sur les Conjectures*, que tenta definir os vínculos entre as diferentes formas de conjecturas e os graus de verossimilhança na abordagem histórica, sobretudo dos textos bíblicos.[6]

Depois dessa breve contextualização, examinemos a maneira como Kant trata do relato do Gênesis. O texto de referência é o que analisa a Queda em suas *Conjecturas sobre o início da história humana*. Essas páginas, redigidas no âmbito de polêmica com Herder, nos mostram o filósofo sob influência de Rousseau – o que lhe valerá duras críticas de Nietzsche.[7] Kant apresenta sua leitura como simples exercício, uma "viagem de prazer", buscando reencontrar no Gênesis a obra da natureza, e não da criação de Deus; é essa pesquisa, essa busca pela manifestação primordial da natureza que funda e autoriza as "conjecturas": "No entanto, o que não se deve ousar, tratando-se do desenrolar da história das ações humanas, se pode, contudo, conjecturar, no que se refere a seu início, na medida em que é obra da natureza."[8] O exame de Kant da situação do Paraíso terrestre é aventura explorando locais imaginários e desconhecidos.[9] Kant confronta a razão com a história ou, mais precisamente, com o que possibilitou a história humana. Retorno à origem, exame das fontes, a leitura de Kant destaca o local da produção da história. Analisa inicialmente o primeiro casal; afastando a primeira criação, ele opta assim por valorizar a primeira comunidade humana:

Suponho esse casal habitando local protegido dos predadores e ricamente abastecido pela natureza; portanto, de algum modo, num *jardim*, com clima sempre ameno. E, sobretudo, eu o considero só depois que avançou consideravelmente sua habilidade de usar suas forças; não parto, portanto, de sua natureza totalmente bruta: pois, se eu quisesse preencher tal lacuna temporal, provavelmente longa, as conjecturas poderiam multiplicar-se demais para o leitor, diminuindo as verossimilhanças. O primeiro homem conseguia, portanto, *erguer-se e caminhar*, sabia falar (cf. *Gn* 2, 20), e mesmo *discorrer*, ou seja, falar encadeando conceitos (versículo 23), logo, *pensar*.[10]

Uma história da liberdade

A hipótese fundamental da leitura de Kant são a existência e a manifestação do pensamento, princípio legitimando todos os desenvolvimentos subsequentes: a interpretação racional de relato da fundação da história e da sociedade humanas supõe a razão agente incontornável – e é ela mesma que provocará a inversão da leitura puramente teológica do Gênesis. Essa hipótese particulariza então o discurso histórico ao defini-lo como reconstrução racional do que se passou ou poderia ter acontecido, na medida em que a exposição histórica envolve e é informada pela liberdade primeira que a possibilitou. Discurso conjectural e histórico traduzindo a historicidade da liberdade e do livre exercício da razão. As observações introdutórias de Kant visam, em contexto fortemente marcado pela necessidade de distinguir a história documental da filosófica, de diferenciar a história narrativa da natural, legitimar as estratégias retóricas e figurativas do porta-voz da razão em seu esforço para dar voz à origem natural, fazê-la falar sem o auxílio ou socorro divino ou de um *fiat lux* fundador.

O pensamento, qualidade primeira do casal original, valoriza, em Kant, a ação, enobrecendo o livre-arbítrio, que deriva de escolha entre o instinto, de certa maneira a voz de Deus, e a intenção, submetida ao jogo da transparência e da opacidade do Paraíso terrestre. O efeito primeiro da livre escolha, da autoafirmação, coerente com o texto bíblico, é o desvelamento, abrindo os olhos do casal humano, mostrando a Adão e Eva que podem ver. Essa visibilização geral caracteriza o homem: a diversidade, tornada visível e disponível pelo primeiro exercício do livre-arbítrio, separa-o do determinismo que caracteriza o mundo animal.

Assim, supondo-se que existisse, não seria um simples fruto incitando, ao lembrar outros, agradáveis, já experimentados antes, a experimentá-lo? Supondo-se que a isso se acrescesse o exemplo de animal cuja natureza dispusesse ao consumo daquele fruto, sendo, porém, nocivo ao homem e, consequentemente, instinto natural opondo o último a tal consumo, propiciando a primeira ocasião para contestar a voz da natureza (3, 1) e, malgrado sua oposição, fazer a primeira tentativa que, por ser a primeira, provavelmente não respondeu ao que o homem queria. E o dano, por mais insignificante, abriu os olhos aos homens (versículo 7) [11].

Dessa perspectiva, o livre-arbítrio não está nem em erro nem em desobediência. Ele é antes o resultado natural da interação da razão com elementos da natureza. Isso esvazia os inícios da história humana de seu conteúdo teológico: eles são submetidos aos princípios da razão e ao desenrolar histórico da ação humana. O filósofo traça assim trajeto de ruptura e de separação: ruptura com o texto literal do Gênesis em favor de leitura conjectural, ou seja, imaginária; separação por se tratar, de fato, de separar ou afastar o conjectural da pressão da complexidade dos detalhes do texto bíblico. A essa necessidade se segue a valorização determinante da atividade de leitura na descrição do método conjectural: o texto bíblico é "documento sagrado" servindo aqui de mapa, ou seja, representação de totalidade requerendo interpretação ativa. Ele será animado, com base no que é visível, pelos poderes da imaginação, permitindo aceder ao que não pode ser representado nem visto: o instante inicial da humanidade. Para Kant, esse gesto fundador de seu discurso surge sob o aspecto do imaginário conceptual, intitulando a prática de elaboração da narrativa filosófica. "Para evitar perder-se em puras conjecturas, deve-se partir do insuscetível de derivação de causas naturais precedentes pela razão humana..."[12] Ou seja, o método conjectural, interiorizando e explorando a figura da viagem e do itinerário, convida o leitor a tentar enquadrar os dois textos nos dois métodos para verificar a validade, a coerência e a fidelidade da leitura filosófica. Se o texto da Bíblia é documento, é só suporte alternativo. A Escritura santa permanece, porém não é mais o objeto único da leitura: ela foi substituída pelo que, por meio dela, se manifestou graças ao método conjectural. O texto sagrado persiste, mas só para guiar o leitor prevenido para outros destinos, por meio da filosofia e da história da razão. Para Kant, nas *Conjecturas*, a função última do Gênesis é a de instrumento de verificação da capacidade do livre pensamento de se representar e contar sua história e seus progressos. O sagrado não passa de eco distante, esquecido pelo filósofo-historiador da razão.

Assim, a história humana se define como o abandono da utopia e o esquecimento do Paraíso terrestre para permitir o desenvolvimento das faculdades. A *Aufklärung*, o *télos* da humanidade racional é aqui inscrito desde a origem no livre-arbítrio e na liberdade de ação.[13]

> A folha de figueira (3, 7) resultou, portanto, de manifestação da razão bem mais importante do que a demonstrada na primeira etapa de seu desenvolvimento. Pois intensificar e prolongar uma propensão ao se subtrair seu objeto dos sentidos manifesta já a consciência de um domínio da razão sobre os impulsos. [...]
> Mais tarde, as dificuldades da existência lhe arrancarão muito frequentemente o desejo por um paraíso, criação de sua imaginação, onde ele poderia, num ócio tranquilo e numa paz constante, passar sua existência sonhando e farreando. Mas, entre ele e essas delícias imaginárias, ergue-se a incansável razão, impelindo-o irresistivelmente a desenvolver suas capacidades inerentes, sustentando-o contra a recaída na primitividade da qual ela o retirara (3, 24).[14]

A análise kantiana do texto bíblico revela dupla origem: por um lado, o ato criador divino aciona a ordem natural e instintiva, governada pela unicidade e pela determinação; por outro, o exercício prático da razão organizando o livre-arbítrio, na e pela natureza, prepara a liberdade e a diversidade. Nesse contexto, a "folha de figueira" só alegoriza a autonomização da razão em seus efeitos sobre o devir humano. A "folha de figueira" generaliza o primeiro exercício da razão, gerando dessemelhança, ou melhor, diversificação da experiência, permitindo assim novas tentativas humanas. O leitor, habituado a reconhecer no episódio do fruto proibido a fonte do mal e o gesto da desobediência, descobre, em Kant, os primeiros tateios da liberdade humana. O discurso kantiano, nas *Conjecturas*, separa radicalmente a primeira manifestação autônoma da razão da culpabilidade. Versão certamente otimista transformando o relato da Queda e da perda do Paraíso em história da conquista progressiva do mundo e da natureza. Deve-se insistir aqui no papel da imaginação na ultrapassagem da etapa da vida animal e na formação da ordem nova fundada na manipulação do desejo. A "folha de figueira" designa assim momento fundamental inaugurando a caminhada para o amor e a sociabilidade, interiorizando, no contexto do domínio e da "domesticação" dos atrativos sexuais, nova forma de obediência, referente à decência. "A *decência*, inclinação suscitando o respeito alheio sobre nós, por nossas boas maneiras (dissimulação do que poderia despertar desprezo), produziu também, como fundamento autêntico de toda verdadeira sociabilidade, o primeiro sinal da formação do homem na condição de criatura moral. Início modesto, embora marcante ao reorientar a maneira de pensar, importa mais do que os intermináveis progressos culturais subsequentes."[15] Talvez se devesse ressaltar, com Jean-Louis Bruch, a importância do maniqueísmo na formulação kantiana sobre a origem do mal:

> A convicção sobre a existência do mal moral é uma certeza indemonstrável. [...] A impossibilidade de deduzir o mal não é culpa do filósofo, ela se deve à própria natureza

de seu conceito. O mal origina-se de decisão absurda da liberdade, e que por isso mesmo não pode ser deduzida, pois ela teria então espécie de necessidade e racionalidade contrárias à sua natureza. Significando inexistir verdadeiro paralelismo entre o mal e o bem, e nesse ponto principal Kant se opõe ao maniqueísmo. [...] É incontestável o particular interesse de Kant pelo maniqueísmo. [...] Fórmulas como a luta do bom e do mau princípio têm ressonâncias mazdeístas e maniqueístas, acima das cristãs. Mas essas fórmulas, justamente, são enganosas com relação ao conteúdo da teoria kantiana do mal. Kant pode ter sido seduzido por certos temas maniqueístas. Nem por isso ele era maniqueísta.[16]

Sabe-se, por outro lado, que Kant se interessou pelos problemas maniqueístas, sobretudo como os formulados por Pierre Bayle em seu *Dictionnaire historique et critique* (1697).[17]

A Queda bíblica encontra-se desde então transformada em alegoria da gênese da ética. Para Kant – e este é o ponto essencial da demonstração conjectural –, ética e sociabilidade coincidem desde a origem; o devir moral do homem está inscrito, por assim dizer, desde seus inícios.

O mal, ou, mais precisamente, o que a teologia sempre identificou como o mal, é obra exclusiva do homem, e a verdadeira história humana, a da liberdade. Assim, a origem do homem, graças à filosofia, delimita natureza e liberdade, Deus e homem, razão e instinto. Essa divisão anuncia o fim da legitimidade da interpretação teológica. Nesse contexto, os inícios da história humana revelam dupla criação, um dualismo originário inscrevendo o distanciamento absoluto entre Deus e o homem. Dualismo da origem que, para Kant, explica também a origem dos dualismos que tanto assombraram o cristianismo. Conclusão geral do filósofo: "A história da *natureza* começa, portanto, pelo Bem, pois é a obra de Deus; a história da *liberdade* começa pelo Mal, pois é a *obra do homem*."[18] Kant, em suas *Conjecturas*, tenta conjugar suas análises com as de Rousseau:

> Assim, pode-se igualmente conciliar, entre si e com a razão, as afirmações, frequentemente mal compreendidas e aparentemente contraditórias, do célebre Jean-Jacques Rousseau. Em suas obras *Sobre a influência das ciências* e *Sobre a desigualdade dos homens*, ele mostra muito justamente o conflito inevitável da cultura com a natureza da humanidade como espécie *física* pela qual todo indivíduo deveria alcançar plenamente seu destino; mas, em seu *Emílio*, em seu *Contrato social* e em outros escritos, Rousseau procura novamente resolver este problema mais difícil: como a cultura deve progredir para desenvolver, convenientemente, até seu destino, as disposições da humanidade, na condição de espécie *moral*, de modo que a cultura não se oponha mais à humanidade enquanto espécie natural?[19]

Deve-se citar aqui o admirável comentário de Jean Starobinski em sua edição do *Discurso sobre a origem e os fundamentos da desigualdade*:

> Se é verdade que, de todos os escritos de Rousseau, este expõe menos suas convicções cristãs, não é só porque ele é marcado pelo espírito da *Encyclopédie* e pela influência de Diderot: é também porque, formulado como revelação do

humano, esse *Discurso* é inteiramente um ato religioso de tipo particular, substituindo a história santa. Rousseau reescreve um Gênesis filosófico, sem faltar nem o Jardim do Éden, nem o pecado, nem a confusão das línguas. Versão laicizada, "desmitificada" da história das origens, mas que, suplantando, porém, a Escritura, a repete em outra linguagem, da reflexão conjectural, não sobrenatural. Revogada a teologia cristã, seus esquemas não deixam de estruturar o pensamento de Rousseau. O homem, em sua condição primitiva, mal emerge da animalidade; ele é feliz: tal condição primitiva é um *paraíso*; ele só deixará a animalidade quando raciocinar, mas à reflexão esboçante sobrevém o conhecimento do bem e do mal; a consciência inquieta descobre a infelicidade da existência separada: é, portanto, uma *queda*.[20]

As homilias pseudoclementinas[21] contam que o primeiro Adão foi criado cego. Seus olhos só se abrem depois da sedução e da Queda. Percebem-se, nessa cegueira primordial, o sono da razão e o pleno gozo do Paraíso terrestre, mas é possível também ligá-la ao motivo do progresso e da emancipação humana. De olhos abertos, o homem progride para a liberdade, deixando para trás a tradição original de sua cegueira e seguindo os caminhos abertos por sua razão. Ele agora encontra em si os motores de sua perfeição.

My Son! my Son!

Published by W Blake 17 May 1793 Lambeth

O Inferno de Deus

> Todos carregamos em nós plantações e jardins secretos.
> NIETZSCHE, *O alegre saber*[1].

Para Kant, só a teleologia explica o progresso e, principalmente, o que ele chama "arqueologia da natureza". Sem o espírito, o indivíduo é agente: ele só evidencia a diretriz da matriz evolutiva humana, do caos primordial à diversidade atual e à futura ordem racional e razoável. Nesse contexto, a cultura e o julgamento tornam-se os objetos primeiros da investigação do filósofo, que busca apreender o modelo secreto, mas intencional, centralizando a sequência histórica humana.

Já Nietzsche rejeita a teleologia, enxergando nela, sobretudo em sua formulação kantiana, um retorno, simplesmente disfarçado, dos preconceitos teológicos. Ademais, para demonstrar o absurdo do procedimento kantiano, ele escolhe o método mais pessoal e individualista possível. De fato, a análise nietzschiana procede do indivíduo e repousa em histórias (nos "romances", diria Kant) de alguns privilegiados. Em vez de tentar reencontrar o modelo e descrever os detalhes do sistema do progresso da natureza e da cultura, ele escolhe introduzir roteiros centrados em momentos críticos reorientando, em cada caso, o pensamento e, frequentemente, a religião. Esses instantes críticos formam como que um eterno retorno ao se repetirem, com variantes, na história ocidental – de Paulo a Lutero e a Kant, para citarmos apenas o tripé do edifício. O que importa aqui – e detalharemos o caso de Paulo – é que a mudança introduzida por eles resulta de necessidade psicológica, ato voluntário, enfim, escolha.

Esse destaque ao papel determinante de personagem,[2] sua psicologia, visa reduzir a grande história, a da religião e da cultura, do bem e do mal, a relato em que um indivíduo tem todo o poder de modificar radicalmente a ordem dos fatores. Dessa perspectiva, Paulo ocupa uma posição singular por ter conseguido, pelo menos para Nietzsche, transformar fraqueza e decepção pessoais em disciplina coletiva fundada em transferência de culpa, principalmente sobre os efeitos da interiorização de sua vontade num quadro institucional. Assim se explica, em parte, esta receita nietzschiana para criar religiões: "A invenção essencial dos fundadores das religiões é inicialmente estabelecer certa maneira de viver, determinada prática moral cotidiana, agindo como *disciplina voluntatis* e suprimindo ao mesmo tempo o aborrecimento; depois de fornecer precisamente a esta vida uma *interpretação* graças à qual ela parece iluminada pelo supremo valor, de modo que esse gênero de vida se torne um bem pelo qual se lute e, caso necessário, se sacrifique a própria vida. [...] A importância, a originalidade do fundador de religião manifesta-se geralmente no fato de que ele *discerne* essa maneira de viver, ele a *escolhe*, é o primeiro a adivinhar a finalidade pela qual ela se pode praticar e interpretar."[3] Disciplina e eliminação do tédio, prática cotidiana e interpretação, discernimento e escolhas individuais, enfim: eis os componentes de uma religião universal. Como se verá, Nietzsche, insistindo na escolha individual, suas motivações e sua generalização e naturalização em religião, nos oferecerá outra leitura do relato do Paraíso, tornado romance de uma tolice e de um engano, originando revolta.

A história do cristianismo ocupa, nos escritos de Nietzsche, sobretudo em seus textos finais, posição central, porque serve para focalizar a articulação mais explícita de sua filosofia dionisíaca e para exprimir "essas coisas secretas, novas, estranhas, bizarras e inquietantes". Ora, a interpretação nietzschiana do cristianismo, já formulada em parte em *A genealogia da moral* e *Para além do bem e do mal*, busca demonstrar, sob tripla representação – psicológica, institucional e cultural –, que a história da religião cristã é a de uma falsidade e de um erro: falsidade, já que, para Nietzsche, o cristianismo, ao adaptar à sua maneira o relato da criação do Gênesis, introduz na cultura ocidental a primazia da alma e do espírito, reduzindo o corpo a puro receptáculo de pecado e culpa; e erro porque o cristianismo significa, segundo a análise genealógica de Nietzsche, o triunfo da psicologia do padre, e a valorização da teologia, a arte da falsa interpretação e da má-fé como modalidade de representação do vivido humano. No contexto, o cristianismo triunfa, contra o judaísmo e a cultura helênica, graças a duplo gesto de exclusão: por um lado, abandono das aquisições culturais gregas em benefício de recapitulação baseada na culpa e no endividamento; por outro, a violenta adaptação do judaísmo, ou melhor, o esforço para absorvê-lo e eliminá-lo. Em *O anticristo, O crepúsculo dos ídolos* e os livros que continuam o assunto, a estratégia narrativa e retórica de Nietzsche visa à recuperação ativa dos esquecimentos e negações na origem da tradição cristã, esquecimentos e negações que, para Nietzsche, o filólogo, veiculam uma história secreta, a do retorno do deus Dioniso e seu porta-voz na condição de uma *Umwertung aller Werte* — "transvalorização de todos os valores" —, ou, como especifica Maurice de Gandillac, "inversão axiológica de todos os valores".[4]

A atualização dessa história secreta, dessa biografia oculta, mostra o estilo e o conteúdo dos últimos escritos de Nietzsche: destaque do autobiográfico em seu posicionamento radical ante a herança cristã da cultura ocidental, sobretudo alemã e teutônica. Do problema da origem do mal e suas considerações para a filosofia da ética à interpretação da metafísica, Nietzsche escolhe vocalização distintamente individual, a de Dioniso, que, segundo seu porta-voz, "fala quase ao modo da famosa serpente do Gênesis". A centralidade da voz autobiográfica de Dioniso revela o deus parcialmente desconhecido ou ignorado, mas sempre lúcido e poderoso, porque funda e legitima o gesto nietzschiano por excelência: o abandono do espírito e o retorno ao corpo e suas exigências e necessidades; assim, o mundo do espírito foi substituído pelos elementos primeiros da fisiologia, os músculos, o estômago e o alimento, os pés e as mãos etc. É que, "para o destino do povo e da humanidade, é decisivo a cultura começar *no local certo* (e não na *alma*...); o local certo é o corpo, a aparência física, o regime, a fisiologia — e o resto decorre por si... É o *corpo* que se deve convencer primeiro".[5] O combate contra o cristianismo é um combate pela origem, e a estratégia crítica do filósofo-filólogo equivale a mostrar que a alma e o espírito não são mitos, formas contingentes que se fragilizam à medida que se compreende sua verdadeira história. Assim – e contra o reino cristão do além –, o nome de Dioniso evoca sempre para Nietzsche uma filologia do corpo, ou seja, estratégias persuasivas traduzindo retórica ativa da fisiologia, cerne da escrita autobiográfica. Dioniso, em sua ressurreição nietzschiana, autoriza assim a filologia como método, única opositora efetiva da teologia ao contar sua verdadeira história.

Sob o signo de Dioniso, a filosofia de Nietzsche significa, portanto, retorno a individualismo radical, exigindo do discurso crítico-filosófico entregar-se, para encontrar sua verdade, à análise autobiográfica. O filósofo reflete aqui a religião: sua história não é a das ideias e dos conceitos, é o relato da vida de um ou alguns indivíduos – por exemplo, os pares favoritos de Nietzsche: Platão e Paulo, Aristóteles e Lutero, Descartes e Pascal, Teócrito e Leopardi. Seu forte é, de fato, ter sabido transformar a vida e as tribulações psicológicas de alguns em história da gênese das instituições culturais e religiosas do Ocidente. A cultura, por esse ângulo, apenas reproduz as lutas desses indivíduos com a linguagem e as palavras, lutas que só uma filologia crítica consegue apreender. Nesse contexto, a história da verdade, no Ocidente cristão, para Nietzsche, é apenas o relato dos conflitos sucessivos entre duas relações distintas com as palavras e o discurso: teologia e filologia. Daí a necessidade, para a filologia das almas praticada e pregada por Nietzsche na condição de arma da filosofia futura, de discutir a inteligibilidade e a coerência dos relatos fundadores das religiões e suas filosofias morais.

Religião e fisiologia

A filologia, inversão radical da teologia, é a única capaz de compreender e interpretar o homem em sua vivência, ou seja, em seu corpo e linguagem. Desligado, ou melhor, liberado do jugo da alma e do mundo do espírito, as duas grandes armas do padre-teólogo, o homem se revela o inferno do Deus dos cristãos. Esse inferno, sua geografia e fisiologia são a matéria-prima que o filólogo dionisíaco analisa e estuda em *O anticristo, O crepúsculo dos ídolos* e *Ecce Homo*. O próprio Deus possui seu inferno, e este constitui o objeto da demonstração nietzschiana em matéria de história das religiões, em particular do cristianismo.

A história do cristianismo é só, afinal, a de um único homem, o que inventou, graças a seu ressentimento ilimitado, essa religião antinatural. Paulo, agente do que Nietzsche chama "vulgarização" e "barbarização" do judaísmo, personifica o sucesso da transfiguração e da falsificação da história judaica: "Ele inventou, para uso próprio, uma história do cristianismo primitivo. Mais ainda: ele falsificou novamente a história de Israel para que parecesse a pré-história de *seus* atos: todos os Profetas falaram de *seu* Redentor. [...] Mais tarde, a Igreja chegou a falsificar a história humana para torná-la a pré-história do cristianismo..."[6] Os componentes dessa falsificação da origem no início do cristianismo, derivando da concepção cristã de Deus e da psicologia do Redentor a ela ligada, não passam das figuras e símbolos dos desejos e ambições do próprio Paulo.[7] A fé cristã, em seu desdobramento histórico, resume-se, para Nietzsche, na interiorização como verdade absoluta do que não passa, efetivamente, de artifício, acidente histórico, ato de interpretação motivado pelo ressentimento de Paulo.[8] A fé gera, por assim dizer, o desprendimento do corpo, ou, mais precisamente, sua desvalorização. O segundo grande componente da antropologia cristã, o amor, impossibilita a ficção dualista de um Deus bom e mau, presente e ausente simultaneamente, e sua humanização, já que é necessário ser uma pessoa para amar e ser amado. O último, a esperança – segundo Nietzsche, a mais eficaz das astúcias do cristianismo –, institui a superioridade da promessa de outro mundo, paraíso futuro num além do qual o corpo está quase totalmente ausente, formando assim o suporte inicial da ordem do espírito.

Se o cristianismo se define por ruptura radical com o fisiológico, Nietzsche lhe contrapõe, na história humana, o budismo, que, para o filólogo dionisíaco, é caso único. O budismo é revelador porque – sempre segundo Nietzsche – negligencia o pecado e escolhe voltar-se para o sofrimento e seus efeitos. Assim, apresenta-se como religião positiva, que supõe "atmosfera amena, costumes suaves e tolerantes", e ética e prática concentradas no corpo. A religião budista é particular por apoiar-se em dois fatos fisiológicos: "uma hiperexcitabilidade da sensibilidade, traduzindo-se por atitude refinada para com o *sofrimento* e "um caráter hipercerebral".[9] Nietzsche vê no budismo, portanto, "medidas higiênicas" contra a depressão criada por essas condições fisiológicas. O budismo e o islã exemplificam religiões afirmativas, dionisíacas, contra o cristianismo e sua obsessão pelo espírito.

As três dimensões fundamentais do cristianismo, longamente analisadas em *O anticristo*, em princípio psicológicas, decorrem da generalização e da universalização ulterior pela Igreja de estratégia retórica que é, para Nietzsche, o sintoma das dificuldades de Paulo com suas origens, ou seja, com o judaísmo. Analisando-se filologicamente essas dificuldades, a origem e a gênese do cristianismo aparecem como os efeitos de uma maneira de ler e de interpretar os símbolos de tradição e de cultura contra essa tradição e essa cultura. Nietzsche afirma que "jamais houve cristãos" e que "Deus, do modo como Paulo o criou, é a negação de Deus": segundo ele, para compreender bem o cristianismo em sua história, deve-se acompanhar de perto a vida do primeiro grande homem do ressentimento.

O primeiro cristão

Limito-me aqui a breve exame de um texto fundamental sobre Paulo e a genealogia do cristianismo. É um longo aforismo do primeiro livro de *Aurora*, em que Nietzsche detalha o que impeliu Paulo a inventar o cristianismo contra sua própria religião. Essa análise importa duplamente, ao permitir a Nietzsche contar a história própria do cristianismo – Paulo sendo o modelo e o paradigma da atitude cristã –, mas também, como veremos, os vínculos íntimos entre a filosofia kantiana e o protestantismo. No esquema de Nietzsche, Lutero repete o gesto de Paulo interiorizando seu ressentimento para com o catolicismo, inaugurando assim a Reforma, com todas as suas consequências. Todo aforismo requer leitura com e por alguns fragmentos dos *Pensamentos* de Pascal sobre os problemas da perspectiva, do ponto fixo e do ponto indivisível, e do que, tanto em ética quanto em política, legitima a autoridade e a verdade.[10] O aforismo intitulado "O primeiro cristão, começa discutindo a necessidade de tornar filológica a leitura da Bíblia, desvinculada da Tradição e da teologia. Paulo, o autor do Novo Testamento, é identificado com Pascal, mas um Pascal judeu:

> Sinceramente: se tivessem compreendido a tempo essa história, se tivessem lido, *realmente lido*, os escritos de São Paulo, não como revelação do "Espírito Santo", mas com espírito independente, leal e livre, esquecendo momentaneamente toda nossa aflição pessoal – o cristianismo teria logo acabado: do mesmo modo que as páginas desse Pascal judeu desnudam as origens do cristianismo, as do Pascal francês desnudam seu destino e as razões de sua aniquilação futura. Se a nau do cristianismo jogou de bordo boa parte do lastro judaico, se ela foi até os pagãos, tudo isso depende da história desse homem único, atormentado, lamentável, desagradável aos outros e a si próprio. Ele sofria de ideia fixa: ou, mais precisamente, de questão fixa, incessantemente presente, ativa: que acontecera com a Lei judaica, sobretudo com o cumprimento dessa Lei?[11]

Pascal, que personifica, segundo Nietzsche, os limites e a loucura do cristianismo, é o modelo da interpretação de toda a história da cultura cristã representada por Paulo, mas modelo dividido em dois polos, um religioso, mencionando Paulo, outro nacional, e, será talvez necessário dizer, estilístico e moral, já que o adjetivo "francês" se refere, nesse caso, aos moralistas do Grande Século admirados por Nietzsche. O Pascal francês permite enxergar, em sua lucidez e coerência, as contradições internas e insuperáveis minando o cristianismo, enquanto Paulo, o Pascal judeu, por estar sujeito ao dito "o eu é detestável", revela, em seus escritos, as motivações secretas que o impeliram a erigir a religião do Redentor. A ideia fixa, que era para Pascal um ponto fixo, ponto de perspectiva e ponto de fuga de todo processo de legitimação, é assim a chave para o mistério do cristianismo:

> Em sua juventude, Paulo teria desejado satisfazer ele mesmo a essa Lei, ávido por essa distinção suprema que os judeus souberam imaginar – esse povo que elevou a imaginação da sublimidade moral acima de qualquer outro, tendo sido o único que conseguiu criar o conceito de um deus santo, unido à ideia de que o pecado é um atentado a essa santidade. São Paulo torna-se ao mesmo tempo defensor fanático e guarda de honra desse deus e sua Lei, inimigo implacável e constantemente à espreita dos transgressores e questionadores dessa Lei, duro e feroz com eles e disposto aos mais severos castigos. E eis que ele experimentava em si mesmo o sentimento – ardente, sensual, melancólico, irado –, achando-se *incapacitado* para cumprir a Lei, e, principalmente, o que lhe parecia mais estranho: sua vontade desenfreada pelo poder era constantemente tentada para transgredir a Lei, devendo ceder a essa compulsão [...].[12]

O cristianismo nasceu do confronto de Paulo consigo mesmo, com suas insuficiências: ele compreendeu que as exigências da Lei lhe escapavam porque era movido por desejo de dominação, uma vontade tirânica. A psicologia do primeiro cristão revela a origem como ato falho, vingança contra o que escapa ao desejo. A origem resulta do narcisismo absoluto, de vontade egoísta ilimitada:

Quem sofria os piores tormentos do orgulho sente-se subitamente restabelecido, o desespero moral volatiliza-se, pois a moral é volatilizada, aniquilada – ou seja, *realizada* na cruz! Até aí, essa *morte* ignominiosa lhe parecera o melhor argumento contra o "messianismo" referido por discípulos da nova doutrina: mas ela era *necessária* para *abolir* a Lei? [...] Ele tem o pensamento dos pensamentos, a chave das chaves, a luz das luzes: em volta dele gravita daí em diante a história! Pois ele é agora o anunciador da *destruição da Lei*! Sucumbir ao mal – significa também sucumbir à Lei; viver segundo a carne – significa também viver segundo a Lei! Tornado *um* com o Cristo – significa também tornado com ele o destruidor da Lei; morto com ele – significa também sucumbência à Lei! [...] Assim é o *primeiro cristão*, o inventor da cristandade! Antes dele, só havia alguns sectários judeus.[13]

Aquele que quis ser o Messias sem podê-lo inventa o cristianismo para encerrar sua decepção e aflição: ele escolheu sacrificar toda uma cultura, abolir toda uma tradição para satisfazer seus desejos. A invenção do cristianismo, como apresentada por Nietzsche, traduz a transferência simbólica de ato insignificante e a posse cultural dessa tradução por Paulo, que torna a morte na cruz um momento decisivo encerrando a Lei e inaugurando verdadeiramente o cristianismo. E a teologia cristã funda sua legitimidade e inteligibilidade na necessidade de ato histórico que não passa, segundo Nietzsche, de simples interpretação orientada por narcisismo cego. A instauração da ordem do espírito resulta da negação da carne, ou seja, da vontade de não reconhecer a realidade, a de um Paulo que rejeita a manutenção da Lei que não seja seu cumprimento. Desde então, o cristianismo e sua ordem são marcados por essa recusa brutal do aqui e agora, pela identificação da autenticidade e da verdade com o além, com o prometido. O cristianismo é religião negativa, da negação de si e da realidade material do corpo e do mundo. A ideia fixa desse Pascal judeu é a instituição da religião antinatural.[14]

O Deus de Pascal: um autor falhado

O Pascal francês, por outro lado, mostra-nos as insuficiências do Deus inventado por Paulo, ou seja, do Deus da autorrejeição. Assim, o Pascal francês, de Port-Royal, desnuda o Deus oculto dos *Atos* de Paulo:

> A lealdade de Deus. Um Deus onisciente e onipotente não Se preocupando nem mesmo que Suas intenções sejam compreendidas por Suas criaturas – será um Deus de bondade? Um Deus que deixa dúvidas milenares e hesitações numerosas, como se elas fossem desprezíveis à salvação humana, embora produzam, constantemente, previsíveis consequências, as mais apavorantes, em caso de interpretação errada da verdade? Não seria um Deus cruel, se, possuindo a verdade, suportasse a visão de uma humanidade que se tortura miseravelmente para alcançá-la? Ou talvez seja, assim mesmo, um Deus de bondade – mas *incapaz* de mais clareza! Não teria sagacidade suficiente para isso? Ou eloquência? Isso agrava a situação! [...]
> Sobre o "Deus oculto" e as razões para manter-se assim escondido, só se exprimindo por meias palavras, ninguém

foi mais eloquente do que Pascal, indicando que ele nunca conseguiu tranquilizar-se a respeito: mas sua voz ecoa com a segurança de alguém que viesse a sentar-se atrás da cortina. Ele suspeitava uma imoralidade no *deus absconditus* e experimentava o maior pudor, a maior timidez em admiti-lo: assim, ele falava na condição de homem que teme, o mais alto que podia.[15]

O Deus de Paulo é incapaz de expressar-se claramente: ele não domina a eloquência, e seu refúgio esconde mais sua fraqueza do que seu amor, sua vergonha do que sua compaixão. Para Nietzsche, Pascal, tendo sabido levar até os limites de sua razão e de sua fé seu esforço para compreender e aceitar o Deus oculto, revela a verdade como se tivesse ouvido a confissão desse autor malogrado. A leitura de Pascal usa estratégia onipresente nos textos nietzschianos sobre o Deus cristão e, principalmente, sobre o Paraíso bíblico: em vez de aceitar e adotar a perspectiva imposta por Paulo, ou seja, do homem como pecador, Nietzsche lê a Bíblia do ângulo do próprio Deus. Usa-o como se Ele estivesse sempre implicado por seus gestos e palavras, em vez de privilegiar a transferência da responsabilidade ao homem. Enfim, recusa as consequências teológicas da Queda na leitura e interpretação.

Se a análise do caso de Pascal permite a Nietzsche interpretação psicológica da origem e da história do cristianismo como religião e instituição política e cultural, o relato da Criação do Gênesis lhe permite detalhar a dinâmica do método teológico, expor os erros e, sobretudo, contestar a validade das leituras filosóficas desse texto fundador. Mais ainda: a reescrita do relato da Criação abre via régia para o retorno anunciado de Dioniso na obra de Nietzsche.

Filologia e teologia

Contra as possibilidades da análise kantiana, Nietzsche aproxima-se de Stendhal sobre o mesmo problema em sua *Histoire de la peinture en Italie*. Ele contraporá à leitura filosófica do texto do Gênesis uma interpretação do ângulo do artista enquanto *criador*.[16] Ademais, a apresentação do relato da Criação, em *O anticristo*, segue-se ao confronto entre filologia e medicina, por um lado, e teologia cristã, por outro. Para Nietzsche, o cristianismo de Paulo origina uma teologia negando a filologia.

A incapacidade de não mentir – daí adivinho todo temperamento teológico nato. Outra especificidade do teólogo é sua inépcia para a filologia. Por filologia entenda-se, em sentido geral, a arte de bem ler – de saber decifrar fatos sem falseá-los por sua interpretação, sem, por exigência de compreender a qualquer preço, perder toda prudência, paciência, refinamento. A filologia concebida como *ephexis* [suspensão de julgamento] na interpretação: quer se trate de livros, notícias de jornal, destinos ou de como está o tempo – para nem falar da "salvação da alma"...[17]

A filologia, antítese da teologia, opõe-se, portanto, ao método conjectural. Entre Kant e Nietzsche, o abismo é o maior possível. Kant, buscando demonstrar a primazia da razão e da ética, funda toda sua leitura na interiorização do que as possibilita. Nietzsche vê no pensamento de Kant o ápice da filosofia ocidental e sua contaminação pelas ideias de Rousseau:

A que se deve que, desde Platão, todos os arquitetos filosóficos da Europa construíssem em vão? Que tudo o que eles consideravam, sincera e seriamente, *aere perennius* ameace desmoronar ou já é ruína? Oh, quanta falsidade na resposta pronta, ainda hoje, para tal pergunta: "Porque negligenciaram, todos, o pressuposto, o exame dos fundamentos, uma crítica da razão em seu conjunto" — essa resposta fatal de Kant, que, em verdade, não atraiu a nós, filósofos modernos, a terreno mais seguro nem menos enganador! (E, pergunta suplementar, não era um pouco estranho exigir que um instrumento criticasse sua própria exatidão e competência? Que o próprio intelecto "reconhecesse" seu valor, sua força, seus limites? Não era, até, um pouco absurdo?) A verdadeira resposta parece ter sido que todos os filósofos construíram sob o encanto da moral, mesmo Kant — que sua intenção aparentemente visava à certeza, à "verdade", mas, efetivamente, a *majestosos edifícios morais*. [...] Esse projeto entusiasta tornava Kant o digno filho de seu século, merecendo, mais do qualquer outro, o nome de século do entusiasmo: Kant o era também, aliás, felizmente, quanto aos aspectos mais válidos daquele século (por exemplo, por essa dose importante de sensualismo que ele introduziu em sua teoria do conhecimento). Ele também fora influenciado por Rousseau, essa tarântula moral; ele também abrigava intimamente o pensamento do fanatismo moral que outro discípulo de Rousseau sentia em si e se proclamava destinado a realizar: refiro-me a Robespierre...[18]

Nietzsche concentra sua crítica da filosofia ocidental nas análises de Kant. Ele questiona a validade e a legitimidade do problema do mal pensado pela tradição filosófica. Pela perspectiva nietzschiana, Kant exibe dupla genealogia: por um lado, ele é o resultado de seu século, com as influências nefastas do pensamento de Rousseau e representando o que Nietzsche chama "pensamento do fanatismo moral"; por outro lado, Kant permanece, sem querer e apesar de Rousseau, um pensador alemão, um pessimista e, sobretudo, um herdeiro de Lutero.[19]

Bobagem de Deus

Entre Lutero e Rousseau, entre o sensualismo e o fantasma do mal, o pensamento de Kant resume, para Nietzsche, os esforços da filosofia sobre os problemas morais, do bem e do mal, e da própria tarefa do discurso filosófico. Daí a importância de confrontar o texto de Kant sobre o Paraíso com os de Nietzsche sobre o Gênesis. Em Kant, como se viu, a interpretação filosófica do relato da Criação e da Queda omite Deus para explicar a sequência natural e racional da história humana. Nietzsche, por outro lado, insiste principalmente nos efeitos da Criação, no próprio Criador e sua história:

> Foi verdadeiramente compreendida a famosa história iniciando a Bíblia? – a do medo "infernal" de Deus perante a ciência? [...]
> O antigo Deus, todo "espírito", grão-sacerdote, todo perfeição, deambula em Seu jardim; mas Ele se aborrece. Contra

o tédio, até os deuses são impotentes. O que faz Ele então? Inventa o homem – o homem o diverte. [...] Mas não é que o homem se entedia também? Deus Se compadece irresistivelmente dessa desgraça, a única afetando todos os Paraísos: Ele logo criou outros animais. *Primeira* besteira de Deus: o homem não achou divertidos os animais – ele reinou sobre eles, não querendo ele mesmo ser um "animal" entre os outros. Consequentemente, Deus criou a mulher. E, efetivamente, o tédio acabou – mas muitas outras coisas também! A *mulher* é a *segunda* besteira de Deus. [...] O próprio homem tornara-se sua *mais grave* tolice, Ele criara um rival para Si, pois a ciência *equipara-se a Deus* – acabaram-se os sacerdotes, se o homem se entrega à ciência![20]

A versão nietzschiana do Paraíso terrestre opõe-se radicalmente à de Kant, introduzindo série de temas e de termos recorrentes na obra de Nietzsche: tédio, ciência, distração, entre outros. Enquanto Kant, em sua análise, escolhe separar o primeiro casal do Criador – ele insiste na ruptura divino-humano, ressaltando a autonomia da ação humana –, Nietzsche conta o relato bíblico da perspectiva de Deus, mas de um Deus que fracassa em Sua tentativa de criar uma diversão para Si. Essa primeira inversão transforma o Paraíso terrestre num Inferno de Deus. Segundo Nietzsche, o Inferno de Deus introduz uma série de fracassos, uma sequência de criações malogradas, sempre motivadas pelo tédio e produzindo rivalidade entre o homem e seu Criador. A comunidade humana, simbolizada pelo primeiro casal, designa para Nietzsche a luta contra Deus, ao passo que, para Kant, aquela comunidade avançava lentamente, em sua autonomia, para o exercício de suas faculdades e sua *Aufklärung*. A estrutura narrativa de Nietzsche é significativa por rejeitar as grandes teses e hipóteses do cristianismo inventado por Paulo: pecado original, desobediência, estatuto do livre-arbítrio etc. Recusando essa problemática característica da teologia, a análise nietzschiana, narrativa, psicológica e biográfica, concentra-se numa dialética da criação e da criatividade, do que leva à criação. Essa dialética joga no vaivém entre tédio e diversão, aborrecimento e relaxamento.

"Diversão" é também termo pascaliano, designando, nos *Pensamentos*, a melancolia característica do indivíduo dividido entre o ser e o parecer, entre solidão profunda e jogos e contingências sociais. Os fragmentos pascalianos sobre a diversão, parodiados e às vezes comentados por Nietzsche em *Aurora* e *O crepúsculo dos ídolos*, analisam a humanização do ideal social e estético, do que Nietzsche chama "vaidade da espécie". Mas a distração ou o relaxamento nietzschiano difere. Primeiro, ele é transitório, sempre intermediando dois absolutos, como a convalescença, a meio caminho entre a doença e a saúde. Como tal, o relaxamento possibilita desprendimento, nova perspectiva, frequentes nos textos do Nietzsche artístico. Assim, ele quis intitular *O crepúsculo dos ídolos* "Lazeres ou relaxamentos de um psicólogo".[21] "Relaxamento" [*Müssiggang*] traduz aqui o *otium* antigo: é o ideal de Nietzsche, motivando a escrita e sobretudo a reescrita, no espírito da filosofia do futuro, a de Dioniso.

Müssiggang explica, com efeito, a ação do Deus do Gênesis, sua transformação e queda:

> Teologicamente — atenção, pois raramente falo teologuês — é Deus pessoalmente que, cumprida sua tarefa, se disfarçou de

serpente, sob a árvore da ciência: Ele descansava [*erholte*] de ser Deus... Ele fizera tudo belo demais... O Diabo é sempre o lazer de Deus – no sétimo dia da semana.²²

Novamente, o relato do Gênesis é aqui interpretado pelo ângulo da motivação do Criador, e essa perspectiva revela as falhas da Criação. A primeira criação produz objeto congelado, parecendo até estátua apolínea. Para animá-la, Deus Se transforma em Seu outro, em Sua negação, e o mundo é só Sua distração agora. Se o Diabo é o passatempo de Deus, é que o mundo criado é Seu inferno. Deus perde-se em Sua primeira criação porque não soube nem pôde enfrentar o tédio e o relaxamento.²³ Por outro lado, o filósofo dionisíaco, que será chamado também por Nietzsche de poeta do sétimo dia, busca esse tédio. O Deus da Bíblia, semelhante ao homem pascaliano, experimenta uma carência que o impele à diversão e à sua perda no aparentar. O Diabo, imagem do que anima o mundo pela queda de Deus depois de Sua primeira criação, o outro de Deus, é também Seu sósia e Seu destino na lógica de criação que, para Nietzsche, equivale a suicídio involuntário: o Deus do Gênesis, bem antes de Paulo e do cristianismo, Se mata diante do espetáculo de Sua própria criação. Se o Deus oculto revela Sua imoralidade ao Pascal francês, o Deus do Gênesis mostra Sua mortalidade ao filósofo-filólogo dionisíaco.

Relaxamentos divinos

Uma vez demonstrada a importância do *otium* para a interpretação da teologia, torna-se possível melhor apreender certos textos nietzschianos tratando do relaxamento e dos lazeres, e, sobretudo, para melhor compreender e apreciar a maneira como entrelaça leitura e escrita, escrita e reescrita. Sua autobiografia destaca um espaço privilegiado para essa configuração ao estruturar-se em duas grandes partes. A primeira prioriza a explicação do papel das diversões e dos relaxamentos na história da vida do filósofo-Dioniso:

> A escolha alimentar, climática e do local: o terceiro ponto sobre o que não se deve absolutamente enganar é a escolha de seus *relaxamentos*... Aqui, profundo exame de consciência é necessário. Vão me perguntar por que exatamente contei todas essas coisas menores e, segundo a opinião geral, insignificantes: ainda mais se estou destinado a grandes tarefas. Resposta: essas coisas menores — alimentação, local, clima, relaxamentos, toda a casuística do egoísmo — são infinitamente mais relevantes do que tudo o que até agora se considerou importante.[24]

A segunda parte traduz, no contexto de uma autobiografia, os efeitos da releitura, cada capítulo analisando um dos livros de Nietzsche. O filósofo da fisiologia reforça a passagem do corpo ao *corpus*: os diversos movimentos do primeiro — a caminhada, a dança, o voo... — e os diversos estilos dos componentes do segundo se refletem como num espelho. Encontra-se no próprio interior do *corpus* nietzschiano a recuperação e a inversão do relaxamento do Deus do Gênesis:

> Refletindo-se que esse livro [*Para além do bem e do mal*] se segue ao *Zaratustra*, adivinha-se talvez sob que dieta teria

sido concebido. [...] Nota-se em tudo, especialmente na forma, a mesma vontade de evitar seus instintos. [...] Sobressai o refinamento: da forma, da intenção, da arte de *calar-se* – a psicologia é manejada com dureza e crueldade confessas; não se encontra nenhuma palavra indulgente nesse livro. [...] Tudo isso relaxa e conforta: quem, para terminar, suspeitaria *que tipo* de relaxamento é necessário, para recuperar-se, depois desse verdadeiro desperdício de bondade que é *Zaratustra*?[25]

Para além do bem e do mal, o livro do filósofo do futuro, é o produto necessidade, sobretudo em sua forma, pelo efeito psicológico da escrita de *Zaratustra*: ele relaxa Nietzsche, do mesmo modo que o Diabo relaxa o Criador no sétimo dia da semana. O retorno ao *otium* significa o abandono do cristianismo em benefício de cultura afirmativa, de uma cultura do corpo como local da experiência do vivido, enfim, volta à virtude antiga. Assim, a segunda parte de *Ecce Homo* é apresentada como realização do ideal do *otium* em virtude da leitura de si. Essa autobiografia do filólogo dionisíaco conta suas aventuras com os textos e as palavras. O espelho dionisíaco é aqui o *corpus*, os fragmentos de escrita e leitura apreendidos ao longo de uma vida.

O último projeto de Nietzsche, *A inversão dos valores*, destaca a redescoberta triunfal do *otium* da Antiguidade. Contando sua última viagem, de Sils-Maria a Turim, Nietzsche descreve o encerramento desse trabalho como seu último projeto:

Só deixei Sils-Maria em 20 de setembro, retido pelas inundações; enfim, depois de muito tempo, eu era o último visitante desse local maravilhoso, presenteado pela minha gratidão com imperecível nome. Depois de viagem cheia de contratempos, tendo, até, quase perecido em Como, inundada [...] chegava, na tarde de 21 de setembro, a Turim, minha estada predileta *comprovada*, minha residência desde então. [...] Em 30 de setembro, grande vitória: terminada a *A inversão dos valores*; sétimo dia, lazer em dia vago, ao longo do Pó. No mesmo dia, escrevi ainda o prefácio de *O crepúsculo dos ídolos*, cujas provas para corrigir foram minha descontração em setembro.[26]

Esse texto, ausente durante muito tempo da autobiografia, por ter sido cortado pela irmã de Nietzsche, confere ao relaxamento todo o seu valor no *corpus* nietzschiano.[27] Como se o filósofo se identificasse, pela escrita, com o Dioniso ressuscitado. Nietzsche em Turim é o Dioniso do sétimo dia da semana. Esse retorno de Dioniso assina a autobiografia ao celebrar sua oposição ao Cristo. As últimas palavras do texto lembram a reescrita do relato da Criação: "Será que me compreenderam? *Dioniso contra o Crucificado.*"[28] Dois deuses, duas ressurreições, dois relaxamentos.

Lagartos divinos

O relaxamento nietzschiano, inscrito tal e qual na autobiografia e no trabalho da escrita, opõe-se radicalmente ao do Deus bíblico. O Paraíso terrestre, para Nietzsche, não é utopia nem origem perdida. É o vivido, o cotidiano, o que acompanha o homem, o pensador e o solitário. Nietzsche, fisiologista da cultura e filólogo da religião, escolherá animal silencioso para representar sua descontração divina. Onipresente nos textos de *A inversão dos valores* e disseminado pelo *corpus* nietzschiano, esse animal compreende melhor do que ninguém o ideal do *otium* nietzschiano. Ele aparece, esperadamente, em contexto eminentemente grego: a poesia de Teócrito e a violência de Apolo relembram que a Grécia, para Nietzsche, é o evento cultural por excelência. Aparece em descrição seguindo relato de Pausânias sobre a descoberta de uma máscara de Dioniso, identificando, no texto nietzschiano, o corpo e o *corpus*:

> [...] Não se encontram nesse livro [*Aurora*] negatividade, ataque, maldade: pelo contrário, ele é luminoso, límpido, feliz, semelhante a animal marinho aquecendo-se nas pedras. Esse animal era eu, afinal: quase cada frase deste livro foi pensada, *eclodiu* nesse amontoado confuso de pedras perto de Gênova, onde eu estava só, na intimidade do mar... Ele vence todos na difícil arte de fixar um pouco coisas que escorregam rápida e silenciosamente, esses instantes que chamo "divinos lagartos" – e não com a crueldade desse jovem deus grego que espetava desembaraçadamente o pobre lagartinho, mas, pelo menos, com ponta afiada – a pena.[29]

O lagarto divino, ou o que, segundo Stendhal, em suas observações sobre a *Histoire de la peinture en Italie* referentes à estátua do *Apollino Sauroktonos*, marca o ato criador do artista grego, é o retorno de Dioniso na maior proximidade de Apolo, próximo do mar e amigo da pena.[30] Um Dioniso transfigurado em pura expectativa e imobilidade, afirmação do momento, celebração dos trópicos, mas aceitando também o tédio que prepara e anuncia a inversão de todos os valores. Se o homem, seu corpo e linguagem constituem o inferno do Deus bíblico, o lagarto nomeia o Paraíso dos homens ociosos.[31] O lagarto representa modo de viver e de ser afirmando-se no e pelo corpo, na e pela fisiologia. O Deus bíblico deixa-Se tentar por Sua criação, cai em Sua própria armadilha: Ele é assim transfigurado em Seu outro e carcomido pelos efeitos negativos de tédio insuportável. Entre o lagarto, com seu tédio totalmente natural, e Deus, com Seu aborrecimento insustentável, impossível hesitar, pelo menos para Nietzsche.

Kant, em suas *Conjecturas sobre o início da história humana*, relata o triunfo da razão e os efeitos do exercício da liberdade. Para ele, a história humana envolve os poderes do progresso. Deus é só espectador distante, ausente até. Para Nietzsche, por outro lado, Deus é um comediante, um criador competindo com Sua criatura e sofrendo os efeitos de Sua criação. De acordo com essa perspectiva, o cristianismo, inventado por Paulo contra a Lei judaica, não passa da desvalorização do corpo e da natureza. Para Kant, o Paraíso é uma origem que é melhor esquecer, uma utopia perdida definitivamente. Para Nietzsche, o Paraíso não é utopia nem origem: é só a cena da queda do Deus bíblico e o início da teologia. O contraste entre Kant e Nietzsche simplesmente opõe a filosofia à filologia, o método conjectural à leitura lenta, paciente, característica da filologia.[32] A filosofia constrói uma história do desenvolvimento e dos progressos da razão humana, a filologia reconstitui uma história crítica dos esforços da razão filosófica.

Se a filologia se opõe à filosofia oferecendo outra história de Deus e do relato da Criação, o romance nietzschiano retoma, em parte, objeção antiga ao texto bíblico. Essa interpretação explica, talvez, a importância e a contribuição da inversão de perspectiva por Nietzsche em seu comentário sobre a criação do primeiro casal. Em vez de explicar a Queda como efeito imediato e inevitável de desobediência, Nietzsche privilegia outra visão: a de Deus vítima de erro capital. Deslocamento concordante com a ideia dionisíaca do papel ou função da divindade: a aceitação da morte e do sacrifício sem culpa.[33] A oposição Dioniso-Crucificado descreve essa diferença. No entanto, para além do elemento dionisíaco, Nietzsche, insistindo na intenção e nos erros de Deus na Criação, retoma, para suas próprias finalidades, as grandes linhas da análise maniqueísta (ou gnóstica) do relato bíblico.[34] A queda bíblica não é a do primeiro casal, mas de Deus, e o Paraíso não passa do Inferno da divindade, em virtude do erro e do medo. Mais: as teses maniqueístas ressaltando a origem divina do mal respondem à análise nietzschiana situando o mal não no homem e em suas relações com Deus, mas na perversidade de uma divindade que se recusa a admitir Seus erros.

Essa perspectiva gnóstica interessa por permitir a Nietzsche insistir em seu lado revolucionário, sua dimensão contestatória. O Prólogo de *Zaratustra* introduz assim o super-homem:

Vede, eu vos ensino o super-homem!
O super-homem é o sentido da Terra. Que diga vosso querer: *seja* o super-homem o sentido da Terra!
Eu vos conjuro, meus irmãos, *à Terra permanecei fiéis*, e descrede daqueles de esperanças supraterrestres que vos discursam! São envenenadores, saibam eles disso ou não! [...]
Outrora, o ultraje contra Deus foi o maior de todos, mas Deus morreu, e com eles morreram também esses ultraja-

dores. Ultrajar a Terra é agora o mais terrível, e estimar mais elevadas as entranhas do insondável do que o sentido da Terra! [...]
Em verdade, que sujo rio é o homem. É necessário ser já um mar para, sem se sujar, receber um rio sujo.
Vede, eu vos ensino o super-homem; que é esse mar, no qual pode vosso grande desprezo perder-se...[35]

O super-homem anuncia não só a morte de Deus mas sobretudo a necessidade de respeitar a Terra, ou seja, rejeitar as explicações de tudo o que está no além, de tudo o que remete ao além. A Terra não é mais Paraíso nem Inferno; ela é, agora, mais o local de recomeço, realismo sem mistérios, cultura natural. Nietzsche, julgando que "[seu] Paraíso está à sombra de sua espada",[36] radicaliza e transforma a análise maniqueísta das consequências do Paraíso terrestre e de sua criação. Como diz admiravelmente Puech: "A Gnose concebe o tempo como *pseudos*, mentira e local de mentira, e a Salvação como libertação fora do mundo e do tempo, providenciada pela revelação de um Deus absolutamente Bom e Desconhecido, alheio ao mundo e à história e irresponsável por eles, escapando de qualquer conhecimento retirado do espetáculo do mundo ou do curso natural das coisas e da história."[37] Nietzsche parece apropriar-se dessa versão gnóstica da história das religiões, notadamente do cristianismo. O erro primordial é duplo: autodesconhecimento e interpretação errada. Contudo, no cenário nietzschiano, o *pseudos* designa a história do Ocidente, de sua moral, de sua luta contra o bem e o mal e de seus relatos. Daí a insistência de Nietzsche nos detalhes do relato da Criação, o papel do tédio do sétimo dia simbolizando a Queda, mas também a liberação, a oposição entre o Deus bíblico, como autor fracassado, e o filósofo, como mestre da linguagem e do estilo.

Para Nietzsche, a Criação é uma encenação. Ela inaugura verdadeira comédia humana: "Seriam necessários seres mais espirituais. Nem que fosse para saborear todo o humor de o homem ver-se como o fim da existência do mundo e que a humanidade só se satisfaça seriamente pela perspectiva de missão universal. Se foi um Deus quem criou o mundo, Ele criou o homem como *símio de Deus*, motivo de perpétua diversão em Suas eternidades longas demais..."[38] O filósofo dionisíaco só pode meditar sobre essa grande comédia. Assim, entre o paraíso dos erros e a missão imaginária da humanidade, Nietzsche erige-se voz única porque tenta compor esse poema, segundo ele mesmo, digno de grande poeta: "Seria boa ideia para um grande poeta *o tédio de Deus* no sétimo dia da Criação."[39] O tédio de Deus, bem-lido e bem-meditado, significa o fim da utopia do Paraíso perdido e da moral religiosa em benefício do indivíduo, senhor de si e de sua linguagem.

À GUISA DE CONCLUSÃO

Publicando, no início do século XVIII, seu *Traité de la situation du Paradis terrestre*, Pierre-Daniel Huet retoma intenso debate, tendo interessado os eruditos e teólogos da época. Seu texto é como um *De Genesi ad litteram* moderno: pretende afirmar tanto o sentido e a coerência quanto a veracidade do texto bíblico. Mas essa interpretação erudita não informa a fé: é impotente contra a validade espiritual do texto sagrado. Huet é o mais claro possível a respeito: "Mostrei que até os Padres da Igreja se dividiram em infinidade de opiniões, inexistindo entre eles, e na Igreja, uniformidade de doutrina ou de tradição a respeito. Afinal, Santo Agostinho declara [no *De Gratia Christi et De Peccato originali*,[1] bem como no *De Genesi ad litteram*] que a questão da situação do Paraíso terrestre independe da Fé cristã, permitindo crer no verdadeiro ou no falso sem nenhum perigo de heresia."[2]

Assim, o *Traité* oferece solução a problema preciso. Deve-se talvez ressaltar que, como todos os textos que evoca, o tratado sugere, primeiro, resposta contra as interpretações místicas ou iluministas do relato do Gênesis: o Paraíso terrestre é mesmo um *local*; porém, não utopia nem interioridade. Isso não significa que não admita nem inspire interpretações espirituais. Ambos os extremos – o literal e o histórico, por um lado, o místico e o utópico, por outro – disputam a autoridade e a legitimidade na interpretação da criação do homem. Entre os dois, e pelas diversas dificuldades adâmicas, desenham-se vias diferentes, formando e constituindo, paulatinamente, a moralização moderna do relato do Gênesis graças à filosofia e aos discursos históricos. Contudo, se as utopias passam, a mística fica.

A passagem da utopia à ética não significa o abandono do utópico, que é desde sempre, ele próprio, ético. Tentei reconstituir neste ensaio os temas e problemas compartilhados e disputados por essas duas orientações do pensamento ocidental, o utópico e a mística, descrevendo algumas das motivações que inspiraram suas orientações. O Paraíso terrestre, qualquer que seja, permanece evento religioso e espiritual e uma estrutura que permite sempre pensar os laços entre o religioso e o social. Num período em que se depara com um, por assim dizer, "retorno" do religioso em nossas sociedades, talvez seja útil reexaminar as possibilidades abertas ao pensamento pela situação do Paraíso terrestre. Se a utopia é um não local ou um local neutro, ela alimenta incessantemente construções do social e da sociabilidade ao informar a articulação dos modos de pertencimento a coletividades, formas de cidadania, linguagens específicas, e maneiras de agir e de ser. O ético, no sentido mais prático, mais comum, significa uma responsabilidade e o respeito de uma autonomia. E o Paraíso terrestre, como descobrimos, pesa ainda sobre nossos costumes e convenções, sobre nossos tabus e proibições. Marca também nossa *identidade* ao nos ligar a uma tradição e a nossas lutas com e por essa tradição.

Local privilegiado, local de privilégio tornado herança e responsabilidade, nosso Paraíso terrestre nos situa incessantemente. Inferno de Deus ou origem perdida? Em todo caso, a escolha é nossa.

Terminemos com nota pessoal. O acaso me fez nascer numa aldeia da montanha libanesa chamada Éden. Essa aldeia figura na lista dos locais possíveis do Paraíso terrestre discutidos no tratado de Huet. Desnecessário dizer, porém, que é rejeitado pelo nosso erudito em benefício do "verdadeiro local".

Um viajante francês do século XVII nos deixou dele a descrição: "Caminhamos durante mais de três horas sobre a mesma elevação agradável até Éden, grande cidade famosíssima na região, situada entre a primeira penha da montanha, cujos arredores nos ofereceram novas belezas. Não passam, de fato, de jardins e pomares contínuos, somando-se à fartura das águas e à amenidade do ar, levando-nos a pensar que a primavera quase nunca deixava a região. Há muitos cristãos orientais que creem que o Paraíso terrestre se situava neste campo; por isso, o nome Éden, que nas primeiras línguas significa um jardim e local de delícias, continua a designá-lo, pois tudo em volta da cidade a que acabei de me referir tem o mesmo nome. O sr. Huet, bispo de Avranches, relata essa opinião dos orientais em seu curioso *Traité du paradis terrestre*."[3]

Ou seja, para mim este ensaio foi também um diálogo com um passado sempre presente.

NOTAS

Algumas dificuldades adâmicas

1. *Les Confessions*, 2 vols., intr. e notas de A. Solignac, trad. fr. de E. Tréhorel e A. Bouissou, Paris, Desclée de Brouwer, 1962.
2. *Ibid.*, XI, III, 5, pp. 279-81.
3. Max Müller, *La Science du langage*, Paris, Auguste Durand, 1864, pp. 132-3.
4. Pierre Courcelle, *Les Confessions de saint Augustin dans la tradition littéraire*, Paris, Études augustiniennes, 1963, p. 109.
5. Atanásio de Alexandria, *Vie d'Antoine*, intr., org. crít., trad. fr., notas e índice de G.J.M. Bartelink, Paris, Éd. du Cerf, col. "Sources chrétiennes", n.º 400, 1994, LV, 7-13, pp. 285-7.
6. Agostinho, *Homélies sur l'Évangile de saint Jean XVII-XXXIII*, intr., trad. fr. e notas de M.-F. Berrouard, Paris, Desclée de Brouwer, 1977, *Tractatus XXXIII*, 5, p. 703.
7. *Quomodo ergo illi locutus est Deus?*
8. Agostinho, *De Genesi ad litteram*, 2 vols., intr., trad. fr. e notas de P. Agaësse e A. Solignac, Paris, Desclée de Brouwer, 1972, VIII, XVIII, 37, p. 67.
9. *Ibid.*, VIII, XXVII, 49, p. 85.
10. *Linguae humanae.*

11. *Pro diuersitate linguarum gentilium diuersis nominibus appelantur.*

12. *Unam sane linguam primitus fuisse didicimus, antequam superbia turris illius post diluuium fabricatae in diuersos signorum sonos humanam diuideret societatem.*

13. *Ibid.*, IX, XII, 20, p. 119.

14. *Ibid.*, XI, XXXIII, 43, p. 303.

15. *Et cor intellectum rimabatur.*

16. Agostinho, *Les Confessions, op. cit.*, VI, III, 3, p. 523.

17. Agostinho, *Homélies sur l'Évangile de saint Jean I-XVI*, intr., trad. fr. e notas de M.-F. Berrouard, Paris, Desclée de Brouwer, 1969, *Tractatus I*, 9, pp. 147-9.

18. Agostinho, *Homélies sur l'Évangile de saint Jean XXXIV-XLIII*, intr., trad. fr. e notas de M.-F. Berrouard, Paris, Desclée de Brouwer, 1988, *Tractatus XL*, 5, p. 309, e: "A Palavra então precedeu. E o que havia antes da Palavra de Deus? Absolutamente nada. Pois, se houvesse algo antes, não seria dito: *No princípio era o Verbo*, mas: *No princípio a Palavra foi feita*" (*ibid.*, *Tractatus XXXVII*, 8, p. 235).

19. Agostinho, *Les Confessions, op. cit.*, X, XXIII, 34, p. 205.

20. Agostinho, *La Trinité*, 2 vols., trad. fr. e notas de M. Mellet e T. Camelot, Paris, IEA, 1997, XV, XI, 20, p. 473.

21. *Ibid.*, XII, XII, 17, pp. 243 ss., para uma discussão sobre o afeto conjugal explicando a queda de Adão e o mecanismo da transgressão.

Distrações burlescas e diversões sérias

1. François Rabelais, *Le Quart Livre*, Paris, Éd. du Seuil, 1997, texto original com translação de Guy Demerson, cap. XXXVIII, pp. 313-5. O texto original é o seguinte: "Vous truphez, ici, buveurs, et ne croyez que ainsi soit en vérité comme je vous raconte. Je ne sçaurois que vous en faire. Croyez-le, si voulez; si ne voulez, allez-y veoir. Mais je scay bien ce que je veidz. Ce feut en l'isle Farouche. Je la vous

nomme. Et vous réduisez à mémoire la force des géants antiques, lesquelz entreprindrent le hault mont Pelion imposer sus Osse, et l'umbrageux Olumpe avecques Osse envelopper, pour combattre les dieux du ciel les déniger. Ce n'estoit force vulgaire ne médiocre. Iceulx toutesfoys n'estoient que andouilles pour la moitié du corps, ou serpens, que je ne mente.

Le serpens qui tenta Eve estoit andouillicque: ce nonobstant est de luy escript qu'il estoit fin et cauteleux sus tous aultres animaus. Aussi sont andouilles. Encores maintient-on en certaines académies, que ce tentateur estoit l'Andouille nommé Ithyphalle, en laquelle feut jadis transformé le bon messer Priapus, grand tentateur des femmes par le paradis en grec, ce sont jardins en françois. Les Souisses, peuples maintenant hardy et belliqueux, que sçavons-nous si jadis estoient saulcisses? Je n'en voudroys pas mettre le doigt au feu. Les Himantopodes, peuple en Aethiopie bien insigne, sont andouilles, selon la description de Pline, non autre chose."

2. Todas as referências aos *Dialogues d'amour* remetem à tradução de Pontus de Tyard [Lyon, 1551], reeditada por T. Anthony Perrey, Chapel Hill (N.C.), University of North Carolina Press, 1974.

3. *Dialogues d'amour*, op. cit., p. 242.

4. *Ibid.*, p. 243.

5. *Ibid.*, pp. 243-4.

6. *Ibid.*, p. 244.

7. "Deves perceber que essa história sagrada se contradiz... [...] E Moisés quer que vejamos como se contradiz, mas que busquemos sua intenção" (*ibid.*, p. 245).

8. *Ibid.*, p. 246.

9. *Ibid.*, pp. 247-8.

10. Para atualização sobre o pensamento de Boehme, ver a tese de Alexandre Koyré, *La Philosophie de Jacob Boehme*, Paris, 1929.

11. Todas as citações remetem a Jacob Boehme, *Mysterium magnum*, 2 vols., trad. fr. de N. Berdiaeff, Paris, Aubier-Montaigne, 1945.

12. *Ibid.*, t. I, pp. 186-7, e também a passagem seguinte: "Um homem, ao modo de Adão antes de Eva, deve se levantar e recomeçar e guardar eternamente a posse do Paraíso, não enquanto homem ou mulher, mas como a Escritura diz: Eles são virgens e seguem Deus e o Cordeiro; eles são da maneira dos anjos de Deus, porém não só puros espíritos ao modo dos anjos, mas revestidos de corpo glorioso em que repousa o corpo espiritual e angélico."

13. *Ibid.*, t. I, pp. 187-8.

14. *Ibid.*, t. I, pp. 188-9.

15. *Ibid.*, t. I, p. 244.

16. Texto extraído de *La Vie continuée de mademoiselle Bourignon*, Amsterdã, 1674, p. 315, citado por Bayle em seu artigo "Adão", observação G, I, 202-4. Todas as referências ao texto de Bayle remetem ao *Dictionnaire historique et critique* [1697], repr., Genebra, Slatkine, 1969, reimpressão reproduzindo a edição de Paris de 1820-4. Os algarismos romanos designam o volume; os indo-arábicos, as páginas.

17. Gabriel de Foigny, *La Terre Australe connue*, ed. de Pierre Ronzeaud, Paris, Société des textes français modernes, 1990. Ronzeaud documenta a leitura de Bayle e sua importância pela recepção e interpretação do texto de Foigny em sua excelente introdução, principalmente nas páginas XLV-XLIX.

18. P. Bayle, *Dictionnaire historique et critique, op. cit.*, XIII, observação B, 9.

19. G. de Foigny, *La Terre Australe connue, op. cit.*, p. 105.

20. "O que mais admira é que toda a Terra austral não tem montanhas, e soubera de fonte confiável que os austrais as aplainaram todas. Deve-se acrescer a esse milagre da arte ou da natureza a uniformidade admirável das línguas, costumes, construções e cultura nessa grande região..." (G. de Foigny, *La Terre Australe connue, op. cit.*, pp. 70-1); e "sua grande Religião consiste em não falar de Religião" (*ibid.*, p. 113).

21. *Ibid.*, p. 145. "Eles concordam que esta vida não passa de uma agitação, uma perturbação, um tormento. Creem que o que chamamos morte é seu repouso" (*ibid.*, p. 141).

22. *Ibid.*, pp. 70-1.

23. P. Bayle, *Dictionnaire historique et critique*, op. cit., art. "Sadeur", XIII, 7-8.

24. *Ibid.*, art. "Sadeur", XIII, observação D, 11.

25. "A alternância da primeira e da terceira pessoa, a substituição de uma pela outra simplesmente enunciam, aqui, o mesmo paradoxo Gerado-Genitor, Contemplador-Contemplado, que o tema da Natureza Perfeita já nos permitira considerar suprema expressão da iniciação espiritual individual" (Henry Corbin, *L'Homme de lumière dans le soufisme iranien*, Sisteron, Présence, 1971, p. 95).

26. Para o texto de Cyrano, remeto à edição de Jacques Prévot em *Libertins du XVIIe siècle*, t. I, Paris, Gallimard, col. "Bibliothèque de La Pléiade", 1998.

27. *Ibid.*, pp. 913-4.

28. *Ibid.*, p. 916.

29. *Ibid.*, pp. 921-2, com a sequência da explicação da ação divina: "De fato", interrompi-o, "notei que, porque a serpente tenta sempre escapar do corpo humano, vê-se sua cabeça e pescoço saírem abaixo de nossos ventres. Mas também Deus não permitiu que o homem apenas fosse assim atormentado, Ele quis que ela atacasse a mulher para lhe jogar seu veneno, e que a inflamação durasse nove meses depois de tê-la picado. E, para vos mostrar que eu falo segundo a palavra do Senhor, é que Ele disse à serpente, para maldizê-la, que não adiantaria fazê-la estrebuchar ao se levantar contra ela, ela o faria baixar a cabeça."

30. François Garasse, *La Doctrine curieuse des beaux esprits de ce temps ou prétendus tels* [1623], repr. Westmead (G.-B.), Gregg International, 1971, II, VII, VI, pp. 829-32.

31. Malebranche, *Traité de morale*, Paris, Flammarion, 1995, I, V, XII, p. 111.
32. *Ibid.*, I, VII, XII, pp. 136-7.
33. *Ibid.*, I, X, XVII, p. 175.
34. Malebranche, *De la recherche de la vérité*, II, V, *in Œuvres*, t. I, org. Geneviève Rodis-Lewis, Paris, Gallimard, col. "Bibliothèque de la Pléiade", 1979, p. 185.
35. *Ibid.*, p. 186.
36. *Ibid.*, pp. 187-8.
37. *Ibid.*, p. 188.
38. Longin, *Traité du sublime*, trad. fr. de Boileau, *in* Boileau, *Œuvres complètes*, org. Françoise Escal, Paris, Gallimard, col. "Bibliothèque de La Pléiade", 1966, p. 355.
39. "Esse judicioso crítico [Longin] crê que foi no declínio da idade que Homero ocasionalmente cochilou, nas longas narrativas da *Odisseia* (Fénelon, *Lettre à l'Académie*, *in Œuvres*, t. II, org. Jacques Le Brun, Paris, Gallimard, col. "Bibliothèque de La Pléiade", 1997, p. 1.192).
40. Fénelon, *Dialogues sur l'éloquence*, *in Œuvres*, t. I, org. Jacques Le Brun, Paris, Gallimard, col. "Bibliothèque de La Pléiade", 1983, p. 67.
41. Fénelon, *Dialogues des morts*, *in Œuvres*, t. I, *op. cit.*, p. 287.
42. Fénelon, "L'art de la nature", primeira parte de *Démonstration de l'existence de Dieu*, *in Œuvres*, t. II, *op. cit.*, p. 509.
43. *Ibid.*
44. *Ibid.*
45. *Ibid.*, p. 510.
46. *Ibid.*, pp. 510-1.
47. *Ibid.*, p. 579.

O retorno dos maniqueístas

1. *In* Montesquieu, *Œuvres complètes*, t. II, org. Roger Caillois, Paris, Gallimard, col. "Bibliothèque de la Pléiade", 1951, p. 1.332.
2. P. Bayle, *Dissertation contenant le Projet, in Dictionnaire historique et critique, op. cit.*, XVI, 3.
3. *Ibid.*, XV, 229-30.
4. E. Cassirer, *La Philosophie des Lumières*, trad. fr. e apres. de Pierre Quillet, Paris, Fayard, 1966, p. 127.
5. P. Bayle, *Dissertation contenant le Projet, op. cit.*, XVI, 2.
6. P. Bayle, *Dictionnaire historique et critique, op. cit.*, art. "Garasse", VII, 24-5.
7. Retomarei depois a análise detalhada sobre os laços entre o método de Bayle e o de Saint-Cyran, sobretudo em seus escritos contra Garasse, e os efeitos dessa genealogia da prática crítica de Bayle sobre a forma do *Dictionnaire*.
8. P. Bayle, *Dictionnaire historique et critique, op. cit.*, art. "Adam", I, 199-200.
9. *Ibid.*, art. "Bèze", III, 415-6.
10. *Ibid.*, art. "Adam", I, 201.
11. *Ibid.*
12. *Ibid.*, art. "Ève", VI, 332.
13. *Ibid.*, art. "Adam", I, 200. Para os textos de Leibniz sobre Adão, ver sobretudo sua carta a Ernst von Hessen-Rheinfels de 2 de abril de 1686 e as cartas a Arnauld de maio de 1686. Para Pascal, ver *Préface sur le Traité du vide, in Œuvres complètes*, Paris, Éd. du Seuil, 1963, pp. 230-2.
14. Sobre a dimensão cética do pensamento de Bayle, ver, entre outros, Richard Popkin, *The High Road to Pyrrhonism*, San Diego, Austin Hill Press, 1980. Ver também seu "Manicheanism in the Enlightenment", *in* Kurt H. Wolff e Barrington Moore Jr. (orgs.), *The Critical Spirit: Essays in honor of Herbert Marcuse*, Boston, Beacon Press,

1967, pp. 31-54. Sobre a prática histórica de Bayle, ver igualmente Ruth Whelan, *The Anatomy of Superstition. A Study of the Historical Theory and Practice of Pierre Bayle*, Oxford, Voltaire Foundation, 1989. Ver também Gianluca Mori, *Bayle philosophe*, Paris, Champion, 1999.

15. P. Bayle, *Dictionnaire historique et critique, op. cit.*, art. "Ève", VI, 336.

16. *Ibid.*

17. *Ibid.*, art. "Adam", I, 203.

18. *Ibid.*, I, 204.

19. *Ibid.* Bayle discute o problema do uso das citações pelos primeiros Padres em vários trechos do *Dictionnaire*. Eis exemplo importante, extraído do artigo "Garasse": "Ele dissera em seu livro [F. Garasse, *La Doctrine curieuse..., op. cit.*, II, XV] *que publicando essas máximas de impiedade ele nada fazia que não tivesse sido praticado pelos santos e pelos padres da Igreja primitiva* contra os gnósticos e os carpocráticos. Sua crítica [*Jugement de la Doctrine curieuse*] encontrou três disparidades nessa comparação: a primeira é que os gnósticos e os carpocráticos ensinavam como artigos de fé o que os Padres lhes atribuíam. Devia-se então refutar e, consequentemente, relatar essas vilanias. Mas as profanações relatadas por Garasse são só *atos e palavras de espíritos devassos e extremados, que jamais admitiriam tê-las dito e cometido*. A segunda é que os Padres só relatam a contragosto as heresias impuras que eles são obrigados a refutar. Garasse, pelo contrário, *colheu alegremente um monte de lixo*. Em terceiro lugar, os Padres escreviam para os doutos. São Irineu, *bispo de Lyon*, escreveu em grego, *que não era nem a língua do império do Ocidente, nem a da Gália em particular*" (P. Bayle, *Dictionnaire historique et critique, op. cit.*, art. "Garasse", VII, 30).

20. O maniqueísmo está também no centro do problema do mal: "Sem a revelação de Moisés, impossível não entender nada a respeito; e admira-me os antigos filósofos terem descuidado tanto disso. Refiro-me apenas aos filósofos que conheceram a unidade de Deus, pois os que, segundo a religião de seus países, admitiam a pluralidade

dos deuses não deveram encontrar aí nenhuma dificuldade: era só eles suporem um deus causador da propensão da natureza e outros imprimindo-nos os instintos da consciência e as ideias de honra. A dificuldade só concernia os persuadidos de que o universo é obra de um Deus infinitamente santo. Como é possível que, sob um princípio dessa natureza, a humanidade seja atraída para o mal quase que irresistivelmente, ou seja, pelo sentimento do prazer, e que dele se desvie pelo temor dos remorsos, ou pelo da infâmia, e de vários outros sofrimentos, e que passe toda a sua vida no contraste de paixões, puxado de um lado para outro, ora vencido pelo prazer, ora pelo temor das consequências? O maniqueísmo aparentemente decorreu de forte meditação sobre esse deplorável estado do homem" (*ibid.*, art. "Guarini", VII, 307). Sobre Bayle e o problema do mal, ver, afora os trabalhos de Élisabeth Labrousse, Jean-Pierre Jossua, *Pierre Bayle ou a obsessão do mal*, Paris, Aubier-Montaigne, 1977, e Gianni Paganini, *Analisis della fede e critica della ragione nella filosofia di Pierre Bayle*, Florença, Nuova Italia Editrice, 1980.

21. Bossuet define claramente o herege em carta a Pelisson de 27 de dezembro de 1682: "O herege é quem tem opinião, e é o que a própria palavra significa. Que é opinião? É seguir seu próprio pensamento e sentimento particular. Mas o católico é o católico, ou seja, é universal e, sem sentimento particular, ele segue decididamente o da Igreja." Bayle critica Bossuet, sobretudo seu artigo sobre Jean Daillé, o autor do *Traicté de l'employ des saincts Pères*: "É-se tentado a crer que o sr. De Meaux jamais olhou os escritos dos Padres dos quatro primeiros séculos, pois é impossível que um sábio demonstre tanta ignorância" (P. Bayle, *Dictionnaire historique et critique, op. cit.*, art. "Daillé", V, 353).

22. A oposição fixidez/variação leva às análises de Bayle sobre o problema da tolerância e do relativismo cultural. Assim, Bayle introduz frequentes referências aos relatos dos viajantes em suas polêmicas: "A Igreja dividida em facções e cabalas, como as repúblicas; as facções que triunfam ou sucumbem, exatamente como nas repúblicas,

não na medida em que as causas são boas ou não, mas na medida em que é possível se servir melhor, ou que é menos possível se servir de todo tipo de máquinas; tal Igreja é certamente objeto de compaixão e sujeito de sofrimento. Outra conclusão de Gronovius é sensata, parece-me. Golius, que tanto vivera, vira, viajara, não encontrara nada mais raro do que um cristão digno desse nome. A humanidade lhe parecera inteira imersa no vício, mascarado em todos os lugares. Os viajantes notam diversidade infinita entre os homens: de um dia para outro, eles estão em terra totalmente nova; língua, vestimenta, maneiras novas; inobstante tal infinidade de variações, todos os povos se assemelham e se reúnem ao conterem poucas pessoas honestas, sendo habituais os prazeres proibidos" (*ibid.*, art. "Golius", VII, 109).

23. Para Bossuet, ver Alfred Rébelliau, *Bossuet historien du protestantisme*, Paris, Hachette, 1909, e a obra capital de Jacques Le Brun, *La Spiritualité de Bossuet*, Paris, Klincksieck, 1972. Sobre Tillemont, consultar os trabalhos de Bruno Neveu, *Un historien à l'école de Port-Royal: Sébastien le Nain de Tillemont*, La Haye, M. Nijhoff, 1966, e *Érudition et religion aux XVIIe et XVIIIe siècles*, Paris, Albin Michel, 1994. Limito-me aqui a algumas referências essenciais sobre a pesquisa histórica no século XVII e suas relações com as controvérsias religiosas: George H. Tavard, *Holy Writ or Holy Church: The Crisis of Protestant Reformation*, Nova York, Harper, 1959 (trad. fr. de C.S.G. Tunmer, *Écriture ou Église? La crise de la Réforme*, Paris, Éd. du Cerf, 1963); Rémi Snoeks, *L'Argument de tradition dans la controverse eucharistique entre catholiques et réformés français*, Louvain, Publications universitaires, 1951; François Laplanche, *L'Écriture, le Sacré et l'Histoire. Érudits et politiques protestants devant la Bible en France au XVIIe siècle*, Amsterdã, Maarsen, 1986.

24. Eis duas citações de Garasse, extraídas de sua *Doctrine curieuse des beaux esprits de ce temps ou prétendus tels, op. cit.*: "É certo que os maniqueístas, circoncelliós e outras pragas da Antiguidade foram atingidos pelo mesmo mal que golpeia hoje nossos libertinos: suas

gulodices e a impudicícia de uns e de outros, mostrando ser a mesma sua crença, pois é certo que a saída de todas as heresias é o ateísmo, como demonstrado sabiamente por Stanislas Rescius em sua Apologia" (I, XL); e: "Ora, quanto à sua doutrina perniciosa, se é que deve ser assim chamada, posso dizer de nossos novos dogmatistas o que Plotino observou sobre os platônicos, que se dividiam em dois tipos, produzindo essas duas Academias: *Academia Vetus & Academia Nova*, ou, segundo Santo Agostinho, havia entre os maniqueístas dois tipos de dogmatistas, chamados maniqueístas, comuns ou simples, e *Manichaei Mattarij*, como consta em seu livro V contra Fausto, capítulo V. Contemporaneamente, entre os luteranos, distinguem-se os rígidos e os moles: igualmente, entre nossos dogmatistas, há os discípulos LIBERTINOS e os totalmente ÍMPIOS, os primeiros, iniciantes, e os últimos, perfeitos, lagartas e borboletas, aprendizes e mestres em malícia" (I, XXXVI-XXXVII).

25. Ver a respeito as observações de Michel de Certeau, *La Fable mystique*, Paris, Gallimard, 1982, pp. 150-5.

26. P. Bayle, *Dictionnaire historique et critique*, op. cit., art. "Manichéens", X, 191.

27. *Ibid.*, "Éclaircissement sur les manichéens", XV, 284.

28. *Ibid.*, art. "Manichéens", X, 188.

29. Ver a respeito os dois livros de Pierre Hadot, *Exercices spirituels et philosophie antique*, Paris, Études augustiniennes, 1987, e *Qu'est-ce que la philosophie antique?*, Paris, Gallimard, 1995.

30. P. Bayle, *Dictionnaire historique et critique*, op. cit., art. "Manichéens", X, 196-7.

31. Em *Pensées sur la comète* [1683] (Paris, Société des textes français modernes, 1994), Bayle explicita mais claramente seu pensamento sobre o papel da filosofia e da metafísica na compreensão da Bíblia e da motivação das ações divinas: "Ignoro a fatalidade pela qual, quanto mais se raciocina sobre os atributos divinos conforme com as

noções mais claras, maiores e mais sublimes da Metafísica, mais se encontra em oposição com a multiplicidade de passagens da escritura" ("Avertissement au Lecteur", 19).

32. P. Bayle, *Dictionnaire historique et critique, op. cit.*, art. "Manichéens", X, 99.

33. *Ibid.*, art. "Pauliciens", XI, 482.

34. Henri-Charles Puech escreve em "Le manichéisme", *in Histoire des religions*, t. II, Paris, Gallimard, col. "Bibliothèque de la Pléiade", 1972: "Os testemunhos gregos e latinos primeiro impuseram a imagem de maniqueísmo que seria 'cristianismo helenizado', filosófico e pagão, e, portanto, heresia cristã, a heresia por excelência. Revertendo a acusação em apologia, o protestante Isaac de Beausobre, no século XVIII, torna-a espécie de cristianismo reformado" (p. 527).

35. P. Bayle, *Dictionnaire historique et critique, op. cit.*, art. "Pauliciens", XI, 508.

36. *Ibid.*, "Éclaircissement sur les manichéens", XV, 281.

37. No artigo "Cainites", Bayle dedica longa passagem ao mesmo problema: "Ridicularizamos o sistema dos antigos pagãos, suas naiades, oreades, hamadríades etc., e estamos bem embasados ao condenarmos o culto que era prestado a esses seres, pois sabemos, pela Escritura, que Deus proibia qualquer culto religioso que não se dirigisse a Ele direta e unicamente. Mas, quando imaginamos a razão humana abandonada a si mesma, destituída do socorro da Escritura, compreende-se facilmente, parece-me, que ela devesse conceber este vasto universo como integralmente envolvido por virtude muito ativa, sabedora do que fazia. Ora, para explicar tantos efeitos diferentes uns dos outros na natureza, foi necessário imaginar ser único diversificando seu procedimento segundo a diversidade dos corpos, ou numerosas almas e inteligências com determinado uso e colocadas umas nas nascentes dos rios, outras nas montanhas, outras nos bosques etc. Se me perguntam em que penso com essa reflexão rebuscada, responderei que abro caminho aos que quiserem apoiar os

Padres, acusados de imputar aos hereges 100 extravagâncias que ninguém ensinava... Parece-me que os gnósticos e assemelhados explicavam tão confusamente que lhes poderia de boa-fé ser imputado ponto que não admitiam como de sua crença; contudo, creio tranquilamente que eles admitiam, quanto ao fundo, essas virtudes e princípios que lhes são atribuídos" (P. Bayle, *Dictionnaire historique et critique, op. cit.*, art. "Cainites", IV, 307).

38. *Ibid.*, "Éclaircissements sur les manichéens", XV, 282.
39. *Ibid.*, art. "Gosélini", VII, 161.
40. *Ibid.*, "Éclaircissement sur les manichéens", XV, 290.
41. *Ibid.*, XV, 293-4. "Escandalizará uma confissão naturalmente decorrente do espírito evangélico e da doutrina de São Paulo? Se essas reflexões sobre a conduta nos primeiros séculos não são suficientemente contundentes, se tais objetos observados a distância não impressionam o bastante, peço que se dê ao trabalho de examinar as máximas teológicas modernas" (*ibid.*, XV, 284).
42. *Ibid.*, art. "Ève", VI, 338.
43. Mesma opinião em *Pensées sur la comète*: "Refletindo outro dia sobre esse pensamento, ocorreu-me que aqueles que sustentam os presságios dos Cometas atribuem a Deus coisas não apenas inúteis mas também indignas de Sua Santidade" (156).
44. Isaac de Beausobre, *Histoire critique de Manichée et du manichéisme*, 2 vols. [1734], Leipzig, Zentralantiquariat der DDR, 1970, I, 3.
45. Estabelecendo a origem das doutrinas maniqueístas, Beausobre visa também a uma "Reforma" das obras críticas e históricas contra o "sofisma da Autoridade": "[O leitor] verá a origem da quantidade de Tradições, ou totalmente falsas, ou incertas, que se esgueiraram não apenas na História Eclesiástica mas até entre os Lentes da Igreja. Foram proscritos os livros, mas conservaram-se várias Fábulas neles contidos. Foram rejeitados os Princípios, por serem manifestamente heréticos, mas suas consequências foram preservadas" (I. de Beausobre, *Histoire critique..., op. cit.*, XIII-XIV).

46. Para Beausobre, "Tillemont relatou o que os Antigos disseram com muita ordem e exatidão, mas sem discernimento" ("Discours préliminaire"). Assim, Tillemont representa a erudição moderna em sua grandeza, mas sobretudo em sua miséria, por estar submetida cegamente à autoridade dos Antigos, particularmente à dos Padres da Igreja.

47. "Eu abandonava todos os Modernos, que nos deram Descrições da Heresia Maniqueísta, ou só fiquei com um, que sempre me pareceu dos mais exatos. Refiro-me ao sr. de Tillemont, Autor excelente em matéria de Coleções, mas que seria muito melhor, sob todos os aspectos, se fosse menos crédulo, menos escravo de seu Preconceito e se ousasse ou quisesse usar todo seu Discernimento. [...] No fundo, os Modernos eram para mim bem inúteis. [...] Assim, ia diretamente às fontes e, prosseguindo sempre Riacho acima da Tradição, logo chegava aos Atos da Disputa de Archelaüs, Bispo de Cascar, com Maniqueu" (I. de Beausobre, *Histoire critique...*, *op. cit.*, V-VI).

48. *Encyclopédie*, X, 31.

49. Edward Gibbon, *Histoire du déclin et de la chute de l'Empire romain* [1812], 2 vols., trad. fr. de M.-F. Guizot, Paris, Robert Laffont, col. "Bouquins", 1983.

50. *Ibid.*, t. II, cap. LIV, p. 673.

51. *Ibid.*, t. II, cap. LIV, p. 683.

52. Gibbon aproxima-se das teses e conclusões de Beausobre, que escreve: "A imparcialidade, tão essencial a um Historiador, obrigou-me a justificar os Maniqueístas, contra os Católicos, que os acusaram de corromper os Livros do Novo Testamento com Adições ou Cortes sacrílegos" (*Histoire critique...*, *op. cit.*, XI). Tal posição de Gibbon sempre surpreende os historiadores modernos da Reforma.

53. Para uma análise diversa sobre as relações entre Beausobre e Gibbon, ver excelente biografia intelectual do último: J.G.A. Pocock, *Barbarism and Religion*, Cambridge, Cambridge University Press, 1999.

54. Richard Simon, *Histoire critique des principaux commentaires du Nouveau Testament... avec une dissertation critique* [1693], Frankfurt, Minerva, 1969, t. II, pp. 25-6. Julien Ries engana-se ao afirmar que Simon ignora ou negligencia a função da polêmica contra os maniqueístas no método agostiniano: "Pode-se se surpreender vendo o autor defender unicamente a Bíblia contra os arianos e os pelagianos. Ele silencia sobre a exegese antimaniqueísta de Agostinho. Daí concluirmos ser o problema da Bíblia em Santo Agostinho e nos maniqueístas praticamente ignorado nos séculos XVI e XVII" (*Les Études manichéennes. Des controverses de la Réforme aux découvertes du XXe siècle*, Louvain-la-Neuve, Centre d'histoire des religions, 1988, pp. 132-3). Richard Simon discute no prefácio dessa obra a influência da reação agostiniana nas teses gnósticas e maniqueístas.

Paraíso entre política e liberdade

1. Leibniz, *Essais de Théodicée sur la bonté de Dieu, la liberté de l'homme et l'origine du mal* [1710], Paris, Garnier-Flammarion, 1969, p. 48. Lembrar aqui também a defesa de Zoroastro por Gabriel Naudé em *Apologie pour tous les grands personnages qui ont été faussement soupçonnés de magie, in* J. Prévot (org.), *Libertins du XVIIe siècle*, t. I, *op. cit.*, p. 198: "Tornando certamente ainda mais duvidoso e difícil de crer em tudo que se diz, pois esses mesmos autores querem persuadir-nos de que ele [Zoroastro] era filho desse Oromasis ou Arimanius, por mais que Plutarco, o primeiro homem da Antiguidade, nos testemunhe que Zoroastro só entendia por essas duas palavras, das quais falava frequentemente, o bom e o mau demônio, aos quais ele costumava referir essa ordem maravilhosa, reconhecível no desenrolar da Natureza e de todas as coisas, como a Harmonia a Heráclito, Anaxágoras ao espírito e ao infinito, Empédocles à amizade e ao debate, e Parmênides à luz e às trevas."

2. Leibniz, *Théodicée*, *op. cit.*, pp. 193-4.

3. "Précis de la Doctrine de Mr. Bayle", *in Entretiens de Maxime et de Thémiste, ou Réponse à ce que M. Le Clerc a écrit dans son X. Tome de la Bibliothèque choisie contre Mr. Bayle*, Roterdã, 1707, p. 18. Eis os principais textos da polêmica, afora o *Dictionnaire historique et critique*. Pierre Bayle, *Réponses aux questions d'un provincial*, t. III, caps. 128-68, Roterdã, 1706; Pierre Bayle, *Entretiens de Maxime et de Thémiste, ou Réponses à l'Examen de la Théologie de M. Bayle...*, Roterdã, 1707; Isaac Jaquelot, *Conformité de la foi avec la raison, ou Défense de la religion contre les principales difficultés répandues dans le Dictionnaire historique et critique de M. Bayle*, Amsterdã, 1705; Isaac Jaquelot, *Réponses aux Entretiens composés par M. Bayle...*, Amsterdã, 1707; e os escritos de Jean le Clerc na *Bibliothèque universelle et historique* (1686-1693) e na *Bibliothèque choisie* (1703-13).

4. Carta de Arnauld a Leibniz [13 de maio de 1686], *in* Leibniz, *Discours de métaphysique et correspondance avec Arnauld*, Paris, Vrin, 1993, p. 98. Fénelon, em sua *Réfutation du système du père Malebranche*, formula assim objeção às teses do filósofo: "Não é evidentemente minar os fundamentos de qualquer autoridade em religião torná-la dependente de exame filosófico?" (*Œuvres*, t. II, *op. cit.*, p. 421).

5. Carta de Arnauld ao Landgrave [13 de março de 1696], *in* Leibniz, *Discours de métaphysique et correspondance avec Arnauld, op. cit.*, p. 83.

6. Carta de Leibniz ao Landgrave [12 de abril de 1696], *ibid.*, pp. 86-7.

7. *Ibid.*, pp. 87-8.

8. *Ibid.*, p. 88.

9. Carta de Arnauld a Leibniz [13 de maio de 1686], *ibid.*, pp. 97-8.

10. "O sistema do pai Malebranche é genial, um dos maiores esforços do espírito humano. Cuida de harmonizar duas verdades reveladas (ver as *Réflexions* de M. Arnauld *sur le nouveau système de la nature et de la grâce*, t. II, pp. 60 ss): uma, que Deus quer todos os

homens salvos, a outra, que todos os homens não estão salvos" (Leibniz, *Textes inédits*, 2 vols., org. G. Grua, Paris, PUF, 1968, t. II, p. 491).

11. "Remarque sur la lettre de Monsieur Arnauld", *in* Leibniz, *Discours de métaphysique et correspondance avec Arnauld, op. cit.*, p. 106.

12. *Ibid.*, pp. 106-7.

13. *Ibid.*, p. 111.

14. *Ibid.*, p. 113.

15. Leibniz, *Théodicée, op. cit.*, "Préface", pp. 36-7.

16. *Ibid.*, p. 37.

17. "Se a maneira de conciliar o mal com a perfeição de Deus significa o detalhe das razões que O levam a permitir os males, essa maneira poderia ser inexplicável, pois depende [talvez] da harmonia universal envolvendo o infinito. Contudo, as objeções contra a permissão do mal podem e devem ser solúveis" (Leibniz, *Textes inédits, op. cit.*, t. I, p. 65).

18. *Théodicée, op. cit.*, p. 70.

19. "Mas se deve considerar que, quando se previu o mal, que ele não foi impedido, embora pareça que se tivesse podido fazê-lo facilmente, e que até foram feitas coisas que o facilitaram, tal não significa, necessariamente, cumplicidade; é só forte presunção, decorrente usualmente das verdades humanas, mas que seria destruída por discussão exata do fato, se disso fôssemos capazes com relação a Deus, pois se chama *presunção*, para os jurisconsultos, o que deve passar por verdade provisoriamente, quando não se prova o contrário, e ele diz mais do que *conjectura*, embora o *Dictionnaire de l'Académie* não as tenha diferenciado" (*ibid.*, pp. 70-1). Reencontraremos a importância da conjectura depois, com Kant e seu comentário sobre o relato do Gênesis.

20. *Ibid.*, p. 166.

21. *Ibid.*, p. 107.

22. Spinoza, *Traité théologico-politique* [1670], Paris, PUF, 1999, p. 67. Todas as citações do *Traité* remetem a essa edição.

23. O prefácio do *Traité* indica claramente a superstição como um de seus objetos principais. O leitor-filósofo é o destinatário privilegiado do texto spinoziano: "Eis, leitor-filósofo, o que aqui ofereço para teu exame; estou convicto de que concordarás comigo pela importância e utilidade da obra inteira, com as questões abordadas em cada capítulo" (*ibid.*, p. 75).

24. Ver Sylvain Zac, *Spinoza et l'interpretation de l'Écriture*, Paris, PUF, 1965; Alexandre Matheron, *Le Christ et le Salut des ignorants chez Spinoza*, Paris, Aubier-Montaigne, 1971; e Gabriel Albiac, *La Synagogue vide*, Paris, PUF, 1994.

25. Para a análise dessa aproximação entre Spinoza e Agostinho e de suas orientações diferentes, ver meu ensaio próximo, *Solitude de l'incomparable. Élection et Grace*.

26. Spinoza, *Traité théologico-politique, op. cit.*, p. 131.

27. *Ibid.*, pp. 131-3.

28. *Ibid.*, p. 139.

29. *Ibid.*, p. 273.

30. *Ibid.*, pp. 193-5.

31. *Ibid.*, p. 195.

32. *Ibid.*, p. 191.

33. *Ibid.*, p. 199.

34. *Ibid.*, pp. 199-201.

35. *Ibid.*, pp. 429-31.

36. *Ibid.*, pp. 211-3.

37. *Ibid.*, p. 427.

38. *Ibid.*, p. 481.

39. *Ibid.*, p. 67.

Filósofo sem paraíso

1. Robert Challe, *Difficultés sur la religion proposés au père Malebranche*, ed. crítica de Frédéric Deloffre e Melâhat Menemencioglu a partir de manuscrito inédito, Paris, Jean Touzot, 1983, 1º cad., p. 51.
2. *Ibid.*, prefácio, p. 39.
3. Rejeição puramente simbólica, já que Challe desenvolve erudição impressionante em seu texto.
4. R. Challe, *Difficultés...*, *op. cit.*, p. 60.
5. *Ibid.*, "Lettre dédicatoire", p. 41.
6. Robert Challe, *Journal d'un voyage fait aux Indes orientales*, 2 vols., publicado e comentado por Frédéric Deloffre e Melâhat Menemencioglu, Paris, Mercure de France, 1983.
7. R. Challe, *Difficultés...*, *op. cit.*, 1º cad., p. 49.
8. *Ibid.*, p. 51.
9. P. Bayle, *Dictionnaire historique et critique*, *op. cit.*, art. "Manichéens", X, 99; ver *supra*, p. 107.
10. R. Challe, *Journal d'un voyage...*, *op. cit.*, t. I, 8 de março de 1690, p. 102.
11. *Ibid.*, t. I, 8 de março de 1690, p. 104.
12. *Ibid.*, t. II, 30 de dezembro de 1690, p. 91.
13. R. Challe, *Difficultés...*, *op. cit.*, p. 92.
14. P. Bayle, *Dictionnaire historique et critique*, *op. cit.*, art. "Maldonat", X, 169.
15. R. Challe, *Journal d'un voyage...*, *op. cit.*, t. II, 3 de julho de 1691, p. 250.
16. R. Challe, *Difficultés...*, *op. cit.*, 2º cad., pp. 66-7.
17. *Ibid.*, p. 81. "O homem é livre em todas as suas ações. Ele não o é em seus conhecimentos e sentimentos, ele não é livre para amar, crer, odiar, duvidar, negar, sentir prazer ou tristeza sobre certas coisas e em certas ocasiões: são todas paixões, não ações. Não é ele quem

age nessas ocasiões, ele recebe a ação de outrem, qualquer que seja a maneira. Como não determina o fato de existir, ele tampouco domina as decorrências de sua natureza e existência. Essa natureza e essa existência o tornam sensível; assim, ele sofre, de bom ou mau grado, seja dor, prazer, do mesmo modo que ele existe, de bom ou mau grado.

"Ora, o sentimento que se tem, sobre sua liberdade e a alheia, é espiritual, independente dos sentidos; longe de ser combatido com raciocínios fundados nos primeiros princípios, tem a seu favor a mais pura luz da razão, cuja força todos os homens geralmente sentem e cuja ocasião de prová-la está sempre pronta" (*ibid.*, p. 291).

18. *Ibid.*, p. 253.

19. *Ibid.*, p. 107. "Uma sabedoria infinita só pode adotar meios infalíveis. É evidente à razão que um livro não pode chegar a todos, que ele pode ser perdido ou corrompido, que não o entenderão todas as nações, que nem todos os indivíduos sabem ler, que há cegos de nascença, surdos e mudos que não aprendem. Não é, portanto, um meio geral nem para instruir" (*ibid.*, p. 98).

20. "Como é a religião de um devoto leitor da Bíblia, dos Padres, de São Tomás etc.? É a prevenção de um orgulhoso que de tanto repetir-se simples fato de educação fez dele uma opinião. Entusiasmando-se por essa opinião, acabou persuadido, ao modo de cego de nascença" (*ibid.*, p. 97).

21. Thomas Paine, *Le Siècle de la raison* [*The Age of Reason*], trad. fr. de Bernard Vincent, Nancy, Presses universitaires de Nancy, 1989.

22. *Ibid.*, pp. 39-40.

23. *Ibid.*, p. 50.

24. *Ibid.*, p. 51.

25. *Ibid.*, p. 87.

26. Todas as referências ao *Discours sur l'étude philosophique des langues* remetem às *Œuvres*, t. II, Paris, Fayard, 1989. "Um de nossos confrades, por quem professamos todos os sentimentos de estima e ami-

zade, já mereceu nossos agradecimentos pelo cuidado em atrair nossa atenção para objeto tão associado a nossas funções de gramáticos franceses: o sr. Andrieux, perguntando-se sobre a maioria das questões que acabo de citar, fez-nos sentir sua importância e alcance, ao mesmo tempo que, pela dúvida metódica, com a qual ele revestiu suas opiniões e visões, indicou-nos o quanto este tema nos é ainda novo e difícil. Hoje, senhores, se sigo seus passos, é menos pela pretensão de vos trazer um acréscimo de instrução do que de provas de inexperiência, com vossa licença, nacional, e de nossa inferioridade, sobre essas questões, em relação aos estrangeiros" (*ibid.*, p. 427).

27. *Ibid.*, p. 430. "Aristóteles, seguidor de Platão, e superior ao mestre em todas as ciências positivas, não avança mais do que ele aqui..." (*ibid.*, p. 434). Voltaremos a discutir a importância da puerilidade da tradição clássica.

28. *Ibid.*, p. 434.

29. *Ibid.*, p. 433.

30. *Production virile du siècle*, in Francis Bacon, *Récusation des doctrines philosophiques et autres opuscules*, Paris, PUF, 1987, p. 57. Platão, por outro lado, é um "gozador, poeta jactancioso, teólogo delirante" (*ibid.*, p. 59).

31. *Récusation des doctrines philosophiques et autres opuscules, op. cit.*, p. 195-7. O corpo do saber, adoecendo, sofre de certos humores: "O primeiro desses humores é extrema afeição por dois excessos: paixão pelo antiquíssimo ou paixão pela novidade. Parece que os filhos da época puxaram de seu pai esse temperamento natural e malícia. Cada um buscando devorar e suprimir o outro. [...] Em verdade, *antiquitas saeculi juventus mundi*. O nosso é que é o velho tempo, hoje o mundo envelhece, não os séculos que contamos como antigos *ordine retrogrado*, ou seja, calculando retrospectivamente a partir de onde estamos" (*Du progrès, ibid.*, p. 41).

32. *Récusation des doctrines philosophiques et autres opuscules, op. cit.*, p. 209.

33. Pascal, *Œuvres complètes, op. cit.*
34. *Ibid.*, p. 232.
35. *Discours sur l'étude philosophique des langues, op. cit.*, p. 435.
36. *Ibid.*, p. 436.
37. "Pode-se demonstrar histórica e gramaticalmente que o hebraico é só dialeto fenício formado a partir da época de Abraão, pela incorporação que ele e seus descendentes não cessaram de fazer à sua nascente e fraca tribo, dos naturais da região onde se estabeleceram" (*ibid.*, p. 437).
38. "O narrador diz que toda terra ou região tinha uma só língua, não especificando qual. Alguém tem o direito de decretar que fosse o hebraico? Parece-me que não; primeiro, porque o próprio texto não especifica isso..." (*ibid.*, p. 437).
39. *Ibid.*, p. 442.
40. Volney, *ibid.* "Quando, em 1789, a nação francesa se mobilizou, em todas as classes que a compunham, para a nomeação de seus representantes na assembleia, dita Constituinte, os reis e as arengas, durante três anos, falaram o francês mais nobre e correto. Seguiu-se a Convenção: sabeis qual foi o linguajar então das arengas e das leis? Por que essa diferença? Porque, no primeiro caso, a linguagem foi a das classes cultas e letradas; no segundo, a das classes que só conheciam o dicionário das necessidades. Chegou a ponto de falar com mau estilo, do mesmo modo que se deveu vestir roupa rústica de despossuído" (*ibid.*, p. 457).
41. *Ibid.*, pp. 459-60.

Paraíso da razão

1. Kant, *Méthodologie de la faculté de juger téléogique*, Apêndice, *Critique de la faculté de juger*, V, 442, in *Œuvres philosophiques*, t. II, Paris, Gallimard, col. "Bibliothèque de la Pléiade", 1985, p. 1.247.

2. "Arqueólogo da natureza... Ele pode fazer nascer da terra, que mal saía de seu estado caótico (semelhante a grande animal), criaturas mal-acabadas, que por sua vez geram outras, desenvolvendo-se mais apropriadamente segundo seu local de reprodução e relações recíprocas, até que essa matriz seque, se calcifique, limitando seus produtos a espécies determinadas que não se degeneram mais, permanecendo a diversidade correspondente ao fim da atuação daquela força formadora fecunda [...]. Pois toda a dificuldade da questão da primeira produção de uma coisa incorporando fins e inteligível só por eles repousa na busca de unidade fundamental do diverso e dos elementos externos uns aos outros nesse produto..." E: "A religião, ou seja, a moral relacionada a Deus como legislador..." (*ibid.*, V, 419-20 e 460).

3. "Acabamos de mostrar a causa suficiente para avaliar o homem, não simplesmente, ao modo de todos os seres organizados, enquanto fim natural, mas também aqui na Terra como fim *último* da natureza, com relação aos quais as outras coisas naturais constituem sistema dos fins, e isso segundo os princípios da razão [...]. O primeiro fim natural seria a *felicidade*, o segundo, a *cultura* do homem" (*ibid.*, V, 430).

4. "Foi a partir da história grega que todas as outras histórias permaneceram para nós [...], ou, pelo menos, foi a partir dela que podemos conjecturá-las..." E: "Só um *povo sábio*, que, desde sua aparição até nós, existiu ininterruptamente, pode garantir a história antiga. Fora dele, é tudo *terra incognita*; e a história dos povos que viviam à sua margem só pode ser feita quando entraram nela. Foi o que aconteceu com o povo *judeu* da época dos Ptolomeus, graças à tradução grega da Bíblia, sem a qual pouca credibilidade teriam seus relatos *isolados*. Daí em diante (quando essa versão foi bem-estabelecida), pode-se continuar a remontar seus relatos no tempo. Igualmente para os outros povos. A primeira página de Tucídides (segundo Hume) é o único início de toda a história verídica" (Kant, *Idée d'une histoire universelle au point de vue cosmopolitique*, nona proposição, VIII, 29).

5. Jean-Jacques Rousseau, *Œuvres complètes*, t. III, org. Bernard Gagnebin & Marcel Raymond, Paris, Gallimard, col. "Bibliothèque de la Pléiade", 1964, pp. 132-3.

6. Jean le Clerc, *Parrhasiana, ou Pensées diverses sur des matières de critique...*, Amsterdã, 2ª ed., 1701, pp. 359 ss.

7. Para o contexto da composição do texto de Kant, ver a nota de Luc Ferry & Heinz Wismann em Kant, *Œuvres philosophiques*, t. III, Paris, Gallimard, col. "Bibliothèque de la Pléiade", 1986, sobretudo pp. 500-2. Todas as referências às *Conjectures* remetem a essa tradução. Sobre Kant e Herder, ver Alexis Philonenko, *L'Œuvre de Kant*, 2 vols., Paris, Vrin, 1981, sobretudo t. II, pp. 39-41 e 44-50; H.D. Irmscher, "Die geschichtsphilosophische Kontroverse zwischen Kant und Herder", in *Hamman-Kant-Herder (Acta des vierten Internationalen Hamann-Kolloquium)*, org. B. Gajek, Frankfurt-sobre-o-Meno, 1987, pp. 111-92, e "Beobachtungen zur Funktion der Analogie im Denken Herders", *Deutsche Vierteljahrsschrift für Literaturwissenschaft und Geistesgeschichte*, vol. LV, 1989, pp. 64-97. Sobre Herder, ver Hugh B. Nisbet, *Herder and the Philosophy and History and Science*, Cambridge, Modern Humanities Research Association, 1970. Sobre Herder e o Gênesis bíblico, ver Maurice Olender, *Les Langues du Paradis*, Paris, Gallimard/Le Seuil, 1989; reed., col. "Points Essais", 2002. Para Kant e a religião, ver sobretudo Jean-Louis Bruch, *La Philosophie religieuse de Kant*, Paris, Aubier-Montaigne, 1968.

8. Kant, *Conjectures...*, op. cit., p. 503.

9. "Precisamente por isso, e porque ouso empreender aqui simples viagem de lazer, posso pedir mapa ou documento sagrado e simultaneamente imaginar-me percorrendo meu itinerário nas asas da imaginação, não sem conservar, porém, fio condutor ligado à razão pela experiência, encontrando exatamente o mesmo caminho assinalado nesse documento. O leitor abrirá as páginas desse documento (Gênesis, caps. 2-6) e reconstituirá o caminho da filosofia, que parte de conceitos, para verificar se ele coincide com a história" (*ibid.*,

p. 504). Bossuet, já em seu *Discours sur l'histoire universelle*, utilizava a figura do mapa para descrever seu método e seu projeto: "Como, então, utilizando um mapa universal, saís de vossa terra natal, e do local que vos encerra, para percorrer toda a terra habitável, que abraçais pelo pensamento, com todos os seus mares e terras; assim, considerando a cronologia, deixais os limites estreitos de vossa era, e vos estendeis para todos os séculos" (*Œuvres*, t. I, Paris, 1847, p. 126).

10. Kant, *Conjectures...*, *op. cit.*, p. 505. Kant aproxima-se aqui de Rousseau no *Discurso sobre a origem e os fundamentos da desigualdade*. Voltaire, depois dessa leitura, comparou Rousseau a Malebranche: "Assemelhai-vos a Aquiles, que se insurge contra a Glória, e ao pai Malle Branche [Mala Galho], cuja imaginação Brilhante escrevia contra a imaginação" (*in* J.-J. Rousseau, *Œuvres complètes*, t. III, *op. cit.*, p. 1.381, carta de 30 de agosto de 1755 de Voltaire a Rousseau). Malebranche apresenta a conjectura como uma das modalidades do pensamento filosófico (*De la recherche de la vérité*, *op. cit.*, III, II, VII).

11. Kant, *Conjectures...*, *op. cit.*, p. 507.

12. *Ibid.*, p. 504.

13. Jean-Louis Bruch escreveu em *La Philosophie religieuse de Kant*, *op. cit.*: "Kant é ao mesmo tempo um *Aufklärer* confiante no progresso humano e um luterano convicto quanto ao caráter radical e universal do mal. Na época dos *Opúsculos*, o pessimismo e o otimismo variam segundo ele trata do indivíduo ou da espécie" (p. 56).

14. Kant, *Conjectures...*, *op. cit.*, pp. 509-11.

15. *Ibid.*, p. 508.

16. Jean-Louis Bruch, *La Philosophie religieuse de Kant*, *op. cit.*, p. 63.

17. Sobre as leituras de Kant, principalmente de autores franceses, ver Jean Ferrari, *Les Sources françaises de la philosophie de Kant*, Paris, Klincksieck, 1979, pp. 79-102 e 267-70 para Bayle, p. 271 para Kant leitor de Pierre-Daniel Huet, autor do *Traité de la situation du Paradis terrestre*. Sobre o método exegético de Huet, ver Alphonse Dupront,

Pierre-Daniel Huet et l'exégèse comparatiste au XVIIe siècle, Paris, E. Leroux, 1930.
18. Kant, *Conjectures...*, *op. cit.*, p. 511.
19. *Ibid.*, pp. 511-2. Sobre as relações Kant-Rousseau, ver, entre outros, Ernst Cassirer, *Rousseau, Kant, Goethe*, trad. fr. de J. Lacoste, Paris, Belin, 1991; Alexis Philonenko, *Jean-Jacques Rousseau et la pensée du malheur*, Paris, Vrin, 1984; e principalmente Arturo Deregibus, *Il problema morale in Jean-Jacques Rousseau e la validità dell'interpretazione Kantiana*, Turim, Giappichelli, 1957.
20. *In* J.-J. Rousseau, *Œuvres complètes*, t. III, *op. cit.*, p. LI-LII; e pouco mais adiante: "A antítese natureza-cultura *pode* resolver-se em movimento progressivo: tal é a filosofia que Kant lerá em Rousseau e continuará por si" (*ibid.*, p. LVIII-LIX).
21. Reimpr., Lagrasse, Verdier, 1991, III, 39, 42.

O Inferno de Deus

1. Nietzsche, *Le Gai savoir*, trad. fr. de Pierre Klossowski, rev., corrig. e aum. por Marc B. de Launay, Paris, Gallimard, 1982, p. 59.
2. Esse individualismo é egoísmo, que "é a lei pela perspectiva da *percepção*, que faz parecer grande e pesado o que está próximo: enquanto todas as coisas perdem grandeza e peso segundo o distanciamento" (*ibid.*, p. 164). Formulação mais pascaliana possível, mas com inflexão stendhaliana.
3. *Ibid.*, p. 251.
4. Cito a nota de Jean-Claude Hémery para a tradução de *O crepúsculo dos ídolos*, em Friedrich Nietzsche, *Œuvres philosophiques complètes*, t. VIII, Paris, Gallimard, 1974, p. 444: "*Umwertung aller Werte*": essa expressão foi traduzida por "transmutação de todos os valores" e "transvalorização de todos os valores". A última fórmula frisa de maneira bastante feliz a repetição do radical ("*Wert-*"/"*Val-*"), mas ambas pecam pelo emprego do prefixo "trans-", que transmite mal a

ideia de "derrubada, reviramento, mudança de sinal", contida em "*Um-*". A tradução mais precisa é a de M. de Gandillac: "inversão axiológica de todos os valores", que é bom ter em mente sempre que a expressão aparecer."

5. F. Nietzsche, *Le Crépuscule des idoles, op. cit.*, p. 142. Peter Gast, em seu artigo sobre o *Caso Wagner* (publicado no *Kunstwart* de F. Avenarius em 1888), dirá: "É F. Nietzsche quem nos coloca essas questões, resolvendo-as como ninguém. É o primeiro a dirigir olhar de fisiologista para as manifestações da história, é o primeiro a aplicar os critérios tornando a apreciação dos fenômenos históricos com base na "idiossincrasia" e na estreiteza das visões de uma época e de uma geração só permitida aos espíritos vulgares..." (F. Nietzsche, *Œuvres philosophiques complètes*, t. VIII, *op. cit.*, p. 402).

6. F. Nietzsche, *L'Antéchrist, ibid.*, p. 202.

7. "O que nos distingue não é encontrar nenhum Deus, nem na história, nem na natureza, nem atrás da natureza –, é sentir o que se venerou sob o nome de 'Deus', não na qualidade de 'divino', mas lamentável, absurdo, nocivo, não apenas como erro, mas como *crime contra a vida...* Nós negamos Deus enquanto Deus. Se nos *provassem* esse Deus dos cristãos, conseguiríamos menos ainda crer nele. Fórmula: 'Deus, do modo que Paulo criou, é a negação de Deus', *Deus, qualem Paulus creavit, dei negatio*" (*ibid.*, p. 210).

8. Para Nietzsche, Paulo é um teólogo inventor de símbolos: "Se entendo algo desse grande simbolista, é que ele só considerava realidades, 'verdades' as realidades interiores – e que ele só concebia o resto, todo o natural, o temporal, o espacial, o histórico, signos, ocasiões para parábolas. A noção de 'Filho de Deus' não designa pessoa concreta, pertencente à História, nem o que quer que seja individual, único, mas um fato 'eterno', um símbolo psicológico livre de qualquer temporalidade..." (*ibid.*, p. 194).

9. *Ibid.*, pp. 176-7. Nietzsche contraporá também o cristianismo ao islã ao retomar as mesmas fórmulas que as dos comentários sobre o budismo. Exemplo significativo encerrando *O anticristo*: "Em si,

não deveria nem mesmo ter de escolher entre o islã e o cristianismo, da mesma forma que entre um árabe e um judeu. A resposta está dada antecipadamente: aqui, ninguém pode escolher livremente. Ou se é *tchandala* ou *não*. 'Guerra total contra Roma! Paz e amizade com o Islã.' Foi o que sentiu, foi o que fez esse grande espírito forte, o único gênio entre os imperadores alemães, Frederico II" (*ibid.*, p. 231). Sobre Nietzsche e o budismo, ver Freny Mistry, *Nietzsche and Buddhism*, Berlim, W. de Gruyter, 1981. Nas análises do cristianismo, sobretudo em suas relações com o espírito alemão, Nietzsche opõe-se a Renan quanto ao desenvolvimento do cristianismo europeu. Ver Ernest Renan, *Questions contemporaines*, Paris, Lévy, 1868, especialmente pp. 349 ss. Nietzsche radicaliza e inverte a perspectiva de Renan quanto ao papel do elemento germânico e céltico contra a influência judaica.

10. Muito se escreveu sobre as relações entre Nietzsche e Pascal, e frequentemente se insistiu sobre o papel preponderante da aposta pascaliana, negligenciando outros trechos dos *Pensamentos*. 'Como o aforismo de *Aurora* o mostra, Nietzsche era leitor atento dos *Pensamentos*. Ele daí adapta certos fragmentos consagrados ao ponto fixo, o ponto invisível, o ponto indivisível e os comentários pascalianos sobre os vínculos entre a perspectiva e a moral. Ver, sobre Nietzsche e Pascal, Geneviève Bianquis, *Nietzsche en France*, Paris, Alcan, 1929; Uwe Berger, *Christus und Dionysos*, Hamburgo, 1992; Charles M. Natoli, *Nietzsche and Pascal on Christianity*, Nova York, P. Lang, 1985; a tese de Angelika Schober, *Nietzsche et la France. Cent ans de réception française de Nietzsche*, Paris X, 1990; Paul Valadier, *Nietzsche et la critique du christianisme*, Paris, Éd. du Cerf, 1974; e Gilles Deleuze, *Nietzsche et la philosophie*, Paris, PUF, 1965.

11. *Aurore*, trad. fr. de Julien Hervier, Paris, Gallimard, 1989, pp. 57-8. O aforismo coloca também o problema das relações entre o cristianismo e o judaísmo e posições de Nietzsche a respeito. Para discussão detalhada e precisa dessa questão, ver Weaver Santaniello, *Nietzsche, God, and the Jews. His Critique of Judeo-Christianity in Relation*

to the Nazi Myth, Albany, NY, State University Press of New York, 1994; e Michael Duffy e Willard Mittelman. "Nietzsche's attitudes toward the Jews", *Journal of the History of Ideas*, vol. 49, 1988, pp. 301-17. Cito aqui uma das conclusões de Santaniello (*Nietzsche, God, and the Jews, op. cit.*, p. 134): "Historicamente, ao tentar abolir a cristandade e o antissemitismo, Nietzsche queria, ao mesmo tempo e com o mesmo gesto, criticar suas origens – e, portanto, o judaísmo. Nesse sentido, ele se colocou em posição precária; sua abordagem fundava-se em parte na tese de que, pela tradição, elementos de judaísmo, confundidos com a cristandade, constituíam religião vingadora. Sua opinião se formava e se confirmava mais pela observação empírica, manifestada pelo antissemitismo cristão. Contudo, os escritos de Nietzsche, embora grosseiramente citados, fora de propósito, poderiam – e foi de fato o caso – sustentar antissemitismo racial."

12. F. Nietzsche, *Aurore, op. cit.*, p. 58. Para Nietzsche, Lutero repete o gesto de Paulo, porém no interior do cristianismo: "Lutero experimentou provavelmente sentimentos análogos ao querer tornar-se, em seu claustro, o exemplo consumado do ideal espiritual: e o que aconteceu a Lutero, que um dia passou a verdadeiramente odiar, mortalmente, o ideal espiritual, e o papa, e os santos, e todo o clero, ainda mais porque temia admiti-lo – tal ocorreu também a São Paulo. A Lei era a cruz à qual ele se sentia pregado: como a odiava! Como lhe guardava rancor! Como buscava em todo lugar o meio de *aniquilá-la* – de não mais dever realizá-la em pessoa" (*ibid.*, p. 60).

13. *Ibid.*, p. 60.

14. "O padre desvaloriza, *dessacraliza* a natureza: é o preço de sua existência" (F. Nietzsche, *L'Antéchrist, op. cit.*, p. 185.

15. F. Nietzsche, *Aurore, op. cit.*, pp. 73-4.

16. Stendhal, um pouco à maneira de Pascal, desempenha papel importante no pensamento de Nietzsche. "Afora Stendhal, ninguém jamais me causou tal prazer e tal surpresa: eis aí um psicólogo com quem 'eu me entendo'..." (carta de 13 de fevereiro de 1887 a Köselitz, citada em Carl Paul Jantz, *Nietzsche*, t. III, Paris, Gallimard, 1988,

p. 310). Pode-se, de fato, comparar certas análises do cristianismo propostas por Nietzsche com textos de Stendhal, principalmente sua *Histoire de la peinture en Italie* (org. V. del Litto, Paris, Gallimard, 1996). Exemplo: "Deus é Bom ou Mau? A ideia de *bom* não passará sem algumas dificuldades. O padre se interessa em mostrar frequentemente o deus irritado. Ele retardará a perfeição das artes, mas, enfim, a opinião pública, depois de vacilar algum tempo, crerá unanimemente que Deus é bom: é a primeira hostilidade dessa longa guerra do bom-senso contra os padres. Temos, portanto, um deus *forte, justo, bom* e *imortal*. Duvidamos dessa história tão distante de nós. A ideia de bondade no deus dos cristãos nunca entrou na cabeça de Michelangelo" (p. 244). Stendhal, em seus *Souvenirs d'égotisme* (Paris, Gallimard, 1983), rejeita a filosofia alemã: "[Beyle] estudou naquela cidade a língua e a filosofia alemãs, desenvolvendo bastante desprezo por Fichte, Kant, esses homens superiores que simplesmente construíram eruditos castelos de cartas" (p. 167).

17. F. Nietzsche, *L'Antéchrist*, *op. cit.*, p. 217.

18. F. Nietzsche, *Aurore*, *op. cit.*, p. 15.

19. "Pois perante a natureza e a história, ante a *imortalidade* profunda da natureza e da história, Kant era, como sempre foi todo bom alemão, um pessimista; acreditava na moral, não porque ela é provada pela natureza e pela história, mas apesar de ser constantemente contraditada pela natureza e pela história. Para compreender esse 'apesar de', pode-se talvez lembrar de algo próximo em Lutero, esse outro grande pessimista..." (*ibid.*, p. 15). Para Nietzsche, Kant não é uma alma "torturada", ao modo de Paulo, Pascal ou Spinoza. Enquanto tal, ele é tipicamente alemão: "Kant parece, ao atravessar seus pensamentos, boa pessoa, estimável no melhor sentido do termo, mas insignificante: ele não viveu tanto, e sua maneira de trabalhar lhe retira o tempo para *viver* algo – penso, evidentemente, não nos grosseiros 'eventos' externos, porém nos destinos e sobressaltos dominando a vida mais solitária e silenciosa, se ela pode se consumir na paixão de pensar" (*ibid.*, p. 251). Kant, da mesma forma que

Lutero antes dele, personifica para Nietzsche o espírito alemão, que é principalmente espírito obediente: "A distinção pessoal — eis a virtude antiga. Submeter-se, seguir, publicamente ou não — eis a virtude alemã. Muito antes de Kant e seu imperativo categórico, Lutero dissera, partindo do mesmo sentimento, que deveria haver um ser no qual o homem pudesse absolutamente confiar — era sua prova da existência de Deus; ele queria, de modo mais grosseiro e plebeu do que o de Kant, a obediência absoluta, não a um conceito, mas a uma pessoa, e, finalmente, o próprio Kant só se desviou para a moral para chegar à obediência para com sua pessoa: é exatamente o culto do alemão..." (ibid., p. 164).

20. F. Nietzsche, *L'Antéchrist, op. cit.*, p. 211.

21. No prefácio, Nietzsche lembra o título da obra: "Estas páginas também — o título o denuncia — são, sobretudo, relaxamento, tarefa solitária, ou afastamento em pleno estudo de um psicólogo" (*Le Crépuscule des idoles, op. cit.*, pp. 59-60. Sobre a história do título do livro, ver *ibid.*, pp. 442-3).

22. *Der Teufel ist bloss der Müssiggang Gottes an jedem siebenten Tage* (F. Nietzsche, *Ecce Homo*, in *Œuvres philosophiques complètes*, t. VIII, *op. cit.*, p. 320).

23. Para Nietzsche, uma das funções principais da religião é a abolição do tédio.

24. F. Nietzsche, *Ecce Homo*, p. 273.

25. *Ibid.*, p. 320.

26. *Ibid.*, pp. 324-5.

27. Para a história desse trecho, ver Mazzino Montinari, "Ein neuer Abschnitt in Nietzsches *Ecce Homo*", *in Nietzsche lesen*, Berlim, Walter de Gruyter, 1982, pp. 120-68. A irmã de Nietzsche anotou na biografia de seu irmão: "Na época, ele escreveu algumas páginas nas quais, em estranhas fantasias, se misturam a lenda de Dioniso-Zagreu, a paixão dos Evangelhos e seus contemporâneos mais próximos: o deus dilacerado por seus inimigos vagueia, ressuscitado, pelas margens do Pó, e vê tudo o que ele amou, seus ideais, os ideais do tempo pre-

sente em geral, bem acima dele..." (citado em F. Nietzsche, *Œuvres philosophiques complètes*, t. VIII, *op. cit.*, p. 516). Lembro que, para Nietzsche, por outro lado, o Pó associa-se à fundação do *templum* romano: "Reconheceu-se que na representação da natureza entre os itálicos, que a dividem matematicamente, só pôde nascer na planície, esperadamente na várzea do Pó; a região inteira se apresentava como único e vasto *templum*, delimitado pelo Pó como *decumanus maximus*; por seus afluentes alpinos e apeninos, como *cardines*. Daí derivaram os elementos da representação geométrica, que os viajantes relataram do Oriente. Daí nasceu um sistema sublime" (Friedrich Nietzsche, *Le Service divin des Grecs*, trad. fr., intr. e notas de Emmanuel Cattin, Paris, L'Herne, 1992, p. 64).

28. F. Nietzsche, *Ecce Homo, op. cit.*, p. 341.

29. *Ibid.*, p. 303.

30. Cf. Stendhal, *Histoire de la peinture en Italie, op. cit.*, pp. 256-7: "Pode-se relacionar comédia e escultura. Qual é o caráter do Orestes de *Andrômaco*?

"Se é possível condicionar-se para crer em possíveis coisas que não vimos, concebe-se ordem monástica, formada por jovens ardorosos, estimulados pelo noviciado, pelos prazeres, durante o resto de suas carreiras, pelas honrarias mais próximas da glória. Essa ordem de escultores está consagrada à busca da beleza. São apresentadas sempre na mesma posição Vênus, Júpiter, Apolo; não se trata de fazer as estátuas gesticularem. Tal escultor deu quatro ideias por aquela coxa de Vênus; o jovem iniciante aspira a popularizar cinco ideias. Tudo isso é estranho, mas é a história da arte na Grécia. No tronco sustentando o encantador *Apollino*, corre um lagarto com forma simples e natural. Os gregos, diferindo nisso dos flamengos, seguiam o grande princípio da economia da atenção; eles dão apenas ideia dos acessórios. No primeiro estilo de Rafael, ao contrário, a atenção se perde nas folhagens das árvores. O escultor grego estava certo de que seu deus era observado." Sobre Dioniso e o mar, ver Marcel Detienne, *Dionysos à ciel ouvert*, Paris, Hachette, 1986, pp. 58-9.

31. "São os animais mais gratos do mundo, os mais modestos também, esses convalescentes, esses lagartos semivivificados: entre eles, há os que não passam um dia sem pendurar uma ode à barra arrastante de sua túnica. Falando seriamente: é um tratamento radical contra qualquer pessimismo (o câncer desses velhos e encastelados idealistas mentirosos, como se sabe) essa maneira de nossos espíritos livres adoecerem, permanecendo doentes durante bom tempo e depois demorando mais ainda para recobrarem a saúde, quero dizer, uma saúde 'melhor'" (Friedrich Nietzsche, *Humain, trop humain*, 2 vols., trad. fr. de Robert Rovini, Paris, Gallimard, 1968, t. I, p. 22). Por outro lado, os ociosos são, para Nietzsche, aristocratas de espírito e, sobretudo, gregos: "Pensar, no âmbito dos ritos de culto, inventar e unir são essencialmente atividade de *ociosos*, derivando também do *belo, nobre lazer*, diretriz do mais nobre helenismo: em virtude desse princípio, os gregos são os aristocratas por excelência" (F. Nietzsche, *Le Service divin des Grecs, op. cit.*, p. 31).

32. "A filologia, efetivamente, essa arte venerável exige de seu admirador, antes de tudo, distanciamento, calma, silêncio, desaceleração – como uma arte, conhecimento de ourives aplicado à *palavra*, arte que só tem trabalho sutil e cauteloso a executar; inútil, se ele não chega lá *lento*" (F. Nietzsche, *Aurore, op. cit.*, p. 18).

33. Uma das objeções maiores de Nietzsche contra o Deus cristão deriva de sua análise dos laços entre o erro e a culpa: "Um Deus que viesse à Terra só cometeria injustiças – o que seria verdadeiramente digno de Deus seria responsabilizar-se não pela punição, mas pelo *erro*" (F. Nietzsche, *Ecce Homo, op. cit.*, p. 252).

34. Henri-Charles Puech é o único, que eu saiba, que revelou essa questão em artigo de 1952, reproduzido em *En quête de la Gnose*, t. I, *La Gnose et le Temps*, Paris, Gallimard, 1978: "Porfírio, em seu *De Abstinentia*, I, 421, relata opiniões de gente que não se crê mais suja pelos alimentos do que o mar pelas imundícies nele jogadas. Pequena quantidade de água, se alguma sujeira entrar nela, pode se turvar; o abismo (*buthos*), não. Por sua própria grandeza, o mar recebe tudo,

nada repele que nele chega. Assim são essas pessoas. Dominam todos os alimentos, ou tudo, talvez assim se deva entender" (p. 106); "O gnóstico é livre em tudo e julga tudo: é um *buthos exousias*, abismo de liberdade. A imagem será retomada por Nietzsche [no Prólogo de *Assim falava Zaratustra*], como o mar engolindo sem prejuízo todas as imundícies jogadas por milhares de cursos d'água" (p. 262).

35. Friedrich Nietzsche, *Ainsi parlait Zarathoustra*, trad. fr. De Maurice de Gandillac, Paris, Gallimard, col. "Folio", 1971, pp. 22-3.

36. F. Nietzsche, *Ecce Homo, op. cit.*, p. 293.

37. H.-C. Puech, *En quête de la Gnose*, t. I, *op. cit.*, p. 21.

38. F. Nietzsche, *Humain, trop humain, op. cit.*, t. II, p. 227.

39. *Ibid.*, p. 260.

À guisa de conclusão

1. Agostinho, *La Crise pélagienne, II*, intr., trad. e notas de J. Plagnieux e F.-J. Thonnard, Paris, Bibliothèque augustinienne, 1975, p. 22. "Essas questões, que ele considera estranhas ao âmbito da fé, são tratadas de maneira totalmente diferente em relação àquelas em que, preservada a fé cristã, se ignora onde está a verdade e suspende-se seu julgamento definitivo, ou então se chega, pela luz de alguma humana e pobre percepção, a conjecturar sobre a verdade diferentemente do que ela é; assim é quando se busca a natureza da localização do paraíso onde Deus colocou o homem que Ele formou do pó, embora a fé cristã não admita dúvida alguma sobre a própria existência desse paraíso" (XXIII, 27, p. 209). Mesmo argumento no *De Genesi ad litteram, op. cit.*, VIII, I-II, pp. 8-16.

2. *Traité de la situation du Paradis terrestre*, Paris, Jean Anisson, 1691, p. 240.

3. Jean de La Roque, *Voyage de Syrie et du Mont-Liban* [1722], Beirute, Dar Lahad Khater, 1981, p. 61.

# Alguns autores citados

Francis Bacon (1561-1626). Chanceler da Inglaterra, filósofo e ensaísta. Autor de *Essays, The New Atlantis* e *Novum Organum*. Critica a autoridade dos Antigos e preconiza ardentemente a experimentação científica.

Isaac de Beausobre (1659-1738). Erudito e teólogo protestante, viveu em Berlim. Tradutor do Novo Testamento e autor de *Histoire critique de Manichée* (1730) e *Histoire de la Réforme depuis 1517 jusqu'à 1530* (1785).

Jacob Boehme (1575-1624). Místico e teósofo, autor de várias obras, notadamente *Mysterium magnum* (1622) e *De Signatura rerum* (1635). Autor alemão mais traduzido no século XVII. Admirado por Newton, Goethe e Hegel, entre outros.

Antoinette Bourignon (1616-1680). Quietista flamenga, influenciada por Jacob Boehme. Autora de autobiografia (*Vie continuée de mademoiselle Bourignon*,1674), na qual conta suas visões. Sua "doutrina" foi condenada como herética na Escócia.

Robert Challe (1659-1721). Marinheiro e viajante (*Journal d'un voyage fait aux Indes orientales*), romancista (autor de *Ilustres Françaises* e de

Continuation de l'histoire de l'admirable Don Quichotte de la Manche), filósofo e memorialista (deixou suas *Mémoires* inacabadas).

Gabriel de Foigny (*c.* 1630-1692). Franciscano, autor de *La Terre Australe connue*, utopia hermafrodita (primeiro publicada sob o pseudônimo de Jacques Sadeur).

François Garasse (1585-1631). Jesuíta, autor sobretudo de obras polêmicas (*La Doctrine curieuse des beaux esprits de ce temps*) contra os protestantes e os "libertinos" da primeira metade do século XVII. Sua *Somme théologique* foi severamente criticada por Saint-Cyran, o pai espiritual de Port-Royal.

Leão Hebreu [Judá Abravanel] (*c.* 1460-*c.* 1523). Filósofo, poeta e médico. Influenciado pelo neoplatonismo de Marsílio Ficino e Picco della Mirandola. Conhecido principalmente por seus *Dialoghi di Amore* (1535).

Pierre-Daniel Huet (1630-1721). Bispo de Avranches, um dos maiores eruditos do Grande Século francês. Autor, entre outros, do *Traité de la situation du Paradis terrestre* (1691), *Traité de l'origine des romans* (1670) e *Demonstratio evangelica* (1679).

Isaac Jaquelot (1647-1708). Teólogo protestante e autor de várias obras polêmicas contra Bayle, entre as quais *Conformité de la foi avec la raison, ou Défense de la religion contre les principales difficultés répandues dans le Dictionnaire historique et critique de M. Bayle* (Amsterdã, 1705), *Examen de la théologie de M. Bayle* (Amsterdã, 1706) e *Réponse aux Entretiens composés par M. Bayle* (Amsterdã, 1707).

Jean le Clerc (1657-1736). Teólogo protestante e editor da *Bibliothèque universelle et historique*, da *Bibliothèque choisie* e da *Bibliothèque* *ancienne et moderne*. Editor de Erasmo e de Grotius, amigo do filósofo John Locke, autor de várias obras, entre as quais *Sentiments de quelques théologiens de Hollande sur l'Histoire Critique du Vieux Testament composé par le P. Richard Simon* (1685) e de *Parrhasiana, ou Pensées sur des matières de critique, d'histoire, de morale et de politique...* (1699).

Max Müller (1823-1900). Filólogo e orientalista. Mais conhecido por suas *Lectures on the Science of Language* (1864) e suas traduções dos grandes textos orientais (*Sacred Books of the East*, 51 vols.).

Thomas Paine (1737-1809). Artesão e oficial inglês, emigrou para a Filadélfia. Autor de *Common Sense* (1776) e do *Siècle de la raison* (1794, 1796). Membro girondino da Convenção.

Volney [Constantin-François de Chasseboeuf, conde de] (1757-1820). Filósofo, orientalista e Ideólogo. Autor de *Les Ruines ou méditations sur les Révolutions des Empires* e de *Voyage en Égypte et en Syrie*.

AGRADECIMENTOS

Permitam-me agradecer às instituições que me acolheram nesses últimos anos: a Society for the Humanities, na Universidade de Cornell, a Universidade de Glasgow e o Leverhulme Trust, e a American Academy de Berlim.

Gordon Teskey recebeu-me nos "miltonistas" para uma primeira discussão sobre as dificuldades adâmicas.

Apresentei dois capítulos deste livro nos seminários na EHESS, graças aos convites e à amizade de Roger Chartier, Georges Didi-Huberman e Maurice Olender.

Foi publicada a primeira versão do capítulo sobre Bayle na *Revue de l'histoire des religions*.

Este livro aparece em parte devido a Richard Figuier. Sou reconhecido a Jean Goulemont e a Charles Amiel por seu apoio amigo.

Impresso no Brasil pelo
Sistema Cameron da Divisão Gráfica da
DISTRIBUIDORA RECORD DE SERVIÇOS DE IMPRENSA S.A.
Rua Argentina 171 – Rio de Janeiro, RJ – 20921-380 – Tel.: 2585-2000